ANALYSEN UND REFLEXIONEN
Band 20

Reiner Poppe

Ulrich Plenzdorf
Die neuen Leiden des jungen W.

Ansichten – Wertungen – Kommentare – Anregungen für den Deutschunterricht

Joachim Beyer Verlag - Hollfeld

Der Verlag dankt Frau Dr. Piehler für die Überarbeitung des Bandes!

ISBN 978-3-88805-172-2

3. Auflage 2009

Druck: GMDS, Hollfeld

Inhaltsübersicht

Vorbemerkung

Die neuen Leiden des jungen W. stehen am Ende einer mehr als 200-jährigen Adaptation eines der berühmtesten Romane der Weltliteratur, *Die Leiden des jungen Werther.* Johann Wolfgang von Goethe schrieb den *Werther*, seinen ersten Roman, im Alter von nur 22 bis 24 Jahren. Keine Generation kam seither an diesem Buch vorbei, und unter den großen Heroen der Weltgeschichte zählte sogar ein Napoleon zu denjenigen, die es immer wieder lasen. Nicht nur dass der Roman noch zu Goethes Lebzeiten in zahlreichen Neuauflagen erschien, die künstlerischen Arbeiten, die durch ihn angeregt wurden, rissen (und reißen) nicht ab. Allein bis zum Anfang des 20. Jahrhunderts wurden weit über 100 Autoren bzw. Titel gezählt, die, mehr oder weniger erfolgreich, den *Werther*-Stoff aufgegriffen haben. Plenzdorfs Roman stellt darunter einen modernen Zugriff von beträchtlicher Originalität dar, und es sieht aus, als würde er in den „Wertheriaden" auch weiterhin seinen guten Platz behaupten können.

Die Neufassung dieses Bandes der Reihe *Analysen und Reflexionen* beschäftigt sich vorrangig mit Plenzdorfs Roman, ohne dabei Goethes Modell aus dem Auge zu verlieren. Ein direkter Vergleich erfolgt zwar nicht, doch geht die Analyse so weit auf Goethes Klassiker ein, dass auch derjenige, der sich gerne mit beiden Romanen - beispielsweise im Unterricht - näher beschäftigen möchte, auf seine Kosten kommt (siehe 7. und 8. Kapitel).

Besonders jedoch zielen unsere Ausführungen auf jugendliche Leser (Schüler), die sich über die Lektüre des Primärtextes hinaus zu einzelnen Aspekten des Romans weitergehende Gedanken machen wollen. Wir hoffen, dass unser Beitrag dabei zum Weiterlesen rund um Plenzdorf und Goethe anregt.

Der Band folgt der neuen amtlichen Rechtschreibung; bei Zitaten aus Primär- und Sekundärliteratur, die selbst in alter Rechtschreibung gehalten sind, wurde die Orthografie deshalb entsprechend behutsam modernisiert. Quellenzitate aus Plenzdorfs Roman werden unmittelbar im Text mit Seitenzahl angegeben (Textgrundlage: Plenzdorf, Ulrich: *Die neuen Leiden des jungen W.* Frankfurt am Main: Suhrkamp [51]2004). Belege für die Zitate aus der Sekundärliteratur finden sich jeweils in den Fußnoten. Für die Neuauflage wurde der Text dieser Analysen überarbeitet und aktuelle Forschungsliteratur im Literaturverzeichnis ergänzt.

Werther – Wirkungen[1)]

1774		**Johann Wolfgang von Goethe: *Die Leiden des jungen Werther***
Deutschland ab 1774	1774	Carl Ernst von Reitzenstein: *Lotte bei Werthers Grabe*
	1775	Christoph Friedrich Nicolai: *Die Freuden des jungen Werthers*
		Jakob Michael Reinhold Lenz: *Briefe über die Moralität der Leiden des jungen Werthers*
		A. C. Stockmann: *Die Leiden der jungen Wertherin*
	1776	Johann Martin Miller: *Siegwart, eine Klostergeschichte*
		Jakob Michael Reinhold Lenz: *Der Waldbruder*
	1939	Thomas Mann: *Lotte in Weimar*
	1972	**Ulrich Plenzdorf: *Die neuen Leiden des jungen W.***

1) Die Übersicht belegt die Dichte der literarischen Bemühungen in der Nachfolge des *Werther* besonders bis zum Ende des 18. Jahrhunderts. Es soll dem Leser nur in großen Linien angedeutet werden, welche Wirkung Goethes *Werther* bereits unmittelbar nach seinem Erscheinen hatte. Besonders interessant ist unter den genannten Werken Thomas Manns Novelle *Lotte in Weimar*, in dem das Zusammentreffen Goethes im Jahre 1816 mit seiner großen Wetzlarer Liebe von einst erzählt wird. Eine Empfehlung für Geschichtsinteressierte und Freunde großer Biografien ist Friedrich Sieburgs Darstellung des Lebens von François René Vicomte de Chateaubriand (1768–1848), einem französischen Schriftsteller und Politiker (er war ein zentraler Vertreter der Frühromantik innerhalb der französischen Literatur).

England/USA ab 1779

In den achtziger Jahren des 18. Jahrhunderts nahm sich eine große Zahl weitgehend unbekannter englischer Dichter des *Werther* an. Er hatte aber bei weitem nicht den sensationellen Erfolg wie in Frankreich, trotz des im Kontext des Briefromans anklingenden Ossian.[2)]

1951 Erst mit Jerome D. Salingers Roman *The Catcher in the Rye* (dt. *Der Fänger im Roggen*) wird in der amerikanischen Literatur ein bedeutendes Werk in der Nachfolge des *Werther* auftauchen.

Frankreich ab 1775

1802 François-René Chateaubriand: *René*
Zur Titelfigur dieses Romans schreibt Friedrich Sieburg in seiner Chateaubriand Biografie: „Der Romanheld des *René* ist gewiss ein Nachfahr des *Werther*, aber auch ein Vorläufer des *Adolphe* von Benjamin Constant. Goethe befreit sich von seiner Liebe zu Charlotte, indem er sie gleichsam an Werther abtritt. Werther ist ein lebendiger Mensch, er existiert, darum ergreift uns sein Untergang, darum triumphiert Goethe über sein Leid. Es ist ein Akt der Befreiung durch die Kunst. Dem französischen Dichter gelingt diese Befreiung nicht, denn er kann seinem Helden René wohl seine Gefühle, nicht aber seine Konflikte abtreten.“[3)]

---

2) In der schottisch-gälischen Mythologie ist Ossian ein Krieger und Barde aus dem 3. Jahrhundert v. Chr., angeblich der Sohn des irischen Helden Finn Mac Cumhail Maccool. Bekannt ist Ossian vor allem durch das Werk des schottischen Dichters James Macpherson (1736-1796). Nach 1760 gab dieser zahlreiche eigene, auf gälischen Fragmenten basierende Werke als Übersetzung von Liedern und Gedichten Ossians aus. Mit ihrem melancholischen Tonfall beeinflusste diese Dichtung die Autoren des deutschen Sturm und Drang.

3) Sieburg, S. 120.

Italien
ab 1781

Übersetzungen und Nachdichtungen volkstümlichen Zuschnitts, von denen besonders die Komödie *Verter* und der Roman *Ultime Lettere di Jacopo Ortis* zu erwähnen sind.

1794 Antonio S. Sografi: *Verter*

1802 Ugo Foscolo: *Ultime Lettere di Jacopo Ortis*
Goethe erhielt ein Widmungsexemplar des Romans, aus dem er einige Briefe übersetzte. Heinrich Luden (1780-1847), ein junger Geschichtsprofessor aus Jena, übertrug 1807 das italienische Original unter dem Titel *Letzte Briefe des Jacopo Ortis.*

1. Ulrich Plenzdorf und sein „W."

politischer Roman und Jugendroman

Geschichtlich-politischer Raum und gesellschaftlicher Rahmen von Ulrich Plenzdorfs Roman *Die Leiden des jungen W.* gehören der Vergangenheit an. Die DDR, in der das Romangeschehen angesiedelt ist, existiert als Staat nicht mehr. Unter den besonderen Umständen dieses Staates als ein politischer Beitrag, als ein Zeitdokument verfasst bzw. interpretiert, sind Plenzdorfs *Neue Leiden* ohne Kenntnisse über die DDR und den „real existierenden Sozialismus" den (jungen) Lesern von heute allerdings kaum verständlich.[4] Nun muss dieser Roman aber nicht ausschließlich als politischer Roman gelesen werden. Er kann durchaus als Geschichte eines jungen Mannes, als ein Ausschnitt einer unbequemen Biografie aufgefasst werden, wie sie in jeder Gesellschaft zu finden ist im jugendlichen Protest gegen Etabliertes. Hierzu eine kurze Inhaltszusammenfassung ohne politische Bezüge:

Ein junger Mann, Edgar Wibeau, bricht aus Protest seine Lehre ab, geht von Zuhause weg und versucht, sich selbst zu verwirklichen. Er hängt in der Wohnlaube eines Freundes rum und dröhnt sich mit Musik zu. Zufällig findet er dort ein altes Leseheft, Goethes *Die Leiden des jungen Werther,* mit dem er zunächst nichts anfangen kann. Allmählich fasziniert ihn jedoch die Sprache und er macht sie zu seinem eigenen Code. Edgar Wibeau erlebt eine Romanze mit einer Kindergärtnerin. Da diese aber fest liiert ist, ist die Beziehung für ihn ohne Aussicht auf Zukunft. Er besinnt sich auf eine Rückkehr ins Arbeitsleben. Bei einem Experiment – Edgar bastelt an der Erfindung einer Farbspritzpistole – verletzt er sich tödlich. Sein Vater, der die Familie schon vor langer Zeit im Stich ließ, versucht nun in der Rückschau, sich selbst (und dem Leser) Mosaiksteinchen für Mosaiksteinchen den letzten Lebensabschnitt seines Jungen zusammenzusetzen. Dabei kom-

---

4) Aus der weiterführenden Literatur zum geschichtlichen Hintergrund bietet sich das Buch von Filmer/ Schwan, Alltag im anderen Deutschland, besonders an, weil es sehr konkrete und persönliche Alltagserfahrungen aus dem Leben in der DDR wiedergibt.

men auch andere zu Wort: die Mutter, Freunde, Bekannte – und Edgar selbst.

Diese Vorgänge sind von Plenzdorf einfallsreich zu einem Strukturganzen gefügt, das dann doch zu weiterem Nachdenken über jene Zeit und die gesellschaftlichen Umstände herausfordert. Im Folgenden werden deshalb kurz die wichtigsten Fakten zum historischen Rahmen erläutert, um es dem Leser zu erleichtern, den Zusammenhang zum Romangeschehen und zur Aussageabsicht Plenzdorfs herzustellen.

2. Zeit und Geschichte

Entstehung in der Zeit des „Kalten Krieges“

45 Jahre hat es gedauert, bis am 3. Oktober 1990 die Wiedervereinigung der beiden souveränen deutschen Staaten, der Bundesrepublik Deutschland und der Deutschen Demokratischen Republik (DDR), gefeiert werden konnte. Die Biografie Plenzdorfs und die Entstehung des Romans fällt in die Zeit des „Kalten Krieges“ zwischen Ost und West, der sich nur ganz allmählich entspannte. Mit einer baldigen Wiedervereinigung Deutschlands hatte 1972 wohl niemand mehr ernsthaft gerechnet, zu unterschiedlich war die Entwicklung der beiden Staaten und zu stark die Interessen der alliierten Siegermächte, die jeweils hinter ihnen standen.

Plenzdorfs *Neue Leiden* entstanden in einem Staat, der sich zwar demokratisch nannte, dessen Regierungsform jedoch diktatorisch war. Die gesamte Macht lag bei der Sozialistischen Einheitspartei Deutschlands (SED) und damit in den Händen der Funktionäre und Genossen. Den offiziellen Parolen vom Siegeszug und den Erfolgen des Sozialismus standen die – von DDR-Seite aus – schwer bewachte innerdeutsche Grenze und Restriktionen im Kontakt mit dem Westen gegenüber. Doch wie war es damals zur Teilung Deutschlands gekommen?[5)]

Nach dem 8. Mai 1945 erfolgte eine zunächst **verwaltungstechnische Teilung des völlig zertrümmerten Landes in vier Besatzungszonen**, die jeweils einer der Siegermächte (USA, UdSSR, Frankreich und Großbritannien) unterstanden. Unter der Kontrolle der Alliierten begann ein neuer Alltag. Sehr rasch wurde jedoch deutlich, dass die westlichen Siegermächte vom politisch-ökonomischen Aufbau des neuen Deutschland andere Vorstellungen hatten als die Sowjetunion. Moskau ging davon aus, einen im Wesentlichen kommunistisch gelenkten deutschen Gesamtstaat zu organisieren. Entsprechend wurde ein starker Zentralismus in der sowjetisch besetzten Zone vorangetrieben. Die bei-

---

5) Vgl. zu den zeitgeschichtlichen Hintergründen die Literaturhinweise am Ende dieser *Analysen und Reflexionen*, zur Wendezeit v. a. Lindner, Die demokratische Revolution in der DDR 1989/90.

den stärksten Parteien, die KPD und die SPD, schlossen sich 1946 auf Betreiben der sowjetischen Besatzungsmacht und des KPD-Vorsitzenden Wilhelm Pieck (1876-1960) zur Sozialistischen Einheitspartei (SED) zusammen. Die westlichen Siegermächte bestanden auf einer de facto und de jure gesicherten demokratischen Neugestaltung Deutschlands. 1947 schlossen sich dann die amerikanisch-britischen Besatzungszonen zu einer „Bi-Zone“ zusammen, 1948 kam die französische Besatzungszone hinzu. Während sich in den westlichen Besatzungszonen das Alltagsleben normalisierte, sich die wirtschaftliche Lage deutlich verbesserte und die Gründung der Bundesrepublik Deutschland vorbereitet wurde, brachen die Sowjets aus der unter einer gemeinsamen Zielsetzung beschlossenen Viermächte-Verwaltung Deutschlands aus und trieben ihre separatistische, gegen den Westen gerichtete Politik voran.[6] Auf die in den westlichen Besatzungszonen im Jahre 1948 durchgeführte Währungsreform reagierten die Sowjets mit einer Blockade West-Berlins. Die daraufhin von den USA und Großbritannien eingerichtete Luftbrücke nach Berlin, um die Bevölkerung mit dem Notwendigsten zu versorgen, wurde zu einem Weltereignis. Es bestand kein Zweifel mehr: In der viergeteilten Stadt Berlin liefen die realen Verhältnisse auf eine Zweiteilung hinaus (West-Berlin und Ost-Berlin). Folgerichtig kam es **1949 zur Gründung der beiden deutschen Staaten**: Im Westen entstand die Bundesrepublik Deutschland mit Bonn als Hauptstadt, im Osten die Deutsche Demokratische Republik (DDR) mit der Hauptstadt Ost-Berlin.

Als offenbar wurde, dass die DDR mit der Bundesrepublik Deutschland wirtschaftlich nicht Schritt halten konnte, wurde sie 1950 in den COMECON-Verbund[7] aufgenommen. Tatsächlich wuchs die DDR allmählich zu einer bedeutenden Wirtschafts-

---

6) Die Bundesrepublik Deutschland wurde zum erklärten „Klassenfeind“. Die Viermächte-Verwaltung Deutschlands sah zunächst einen von den Siegermächten gemeinsam getragenen wirtschaftlichen Wiederaufbau nach westlichen Modellen vor. Hierdurch sahen die Sowjets ihre eigenen Pläne durchkreuzt, ein kommunistisches Deutschland zu organisieren. Lesehinweis: Kempowski, Uns geht‘s ja noch Gold.

7) Ursprünglich „Rat zur gegenseitigen Wirtschaftshilfe“ (RGW) der Ostblock-Staaten. COMECON ist die Abkürzung für „Council for Mutual Economic Assistance“.

macht der Ostblock-Staaten heran, dies jedoch nur durch eine rücksichtslose und rigide überwachte Reglementierung des Volkes. Es kam zu einem verstärkten Aufbau der Landwirtschaftlichen Produktionsgenossenschaften (LPG) und der Volkseigenen Betriebe (VEB), zu einem Fortschreiten der Enteignungen und zu einer Zunahme des „Volkseigentums“ (Produktionsmittel und landwirtschaftliche Betriebe). Der Schwerpunkt der industriellen Produktion lag auf der Schwerindustrie, während die Konsumgüterproduktion hinter der Nachfrage blieb. Auf gesellschaftspolitischer Ebene verschärfte die SED den **Klassenkampf**, d. h. die Maßnahmen gegen politisch Andersdenkende. Nach dem militärisch niedergeschlagenen **Arbeiter-Aufstand im Juni 1953** konzentrierte die Staatsführung der DDR sich auf das Ziel, die Bundesrepublik Deutschland in allen Bereichen in den Schatten zu stellen. 1955 trat die Bundesrepublik der NATO (North Atlantic Treaty Organization: Nordatlantikpakt) bei und in Reaktion darauf konstituierte sich am 14. Mai 1955 der Warschauer Pakt, dem die DDR als Gründungsmitglied angehörte.[8)] Die Abgrenzung zum Westen wurde immer drastischer durchgesetzt, insbesondere gegen die Bundesrepublik. Die Folge war eine Massenflucht aus der DDR. Zwischen 1949 und 1961 flohen über zwei Millionen DDR-Bürger in den Westen, allein im Jahre 1953 waren es mehr als 300.000 Menschen, die der DDR den Rücken kehrten. Dabei spielten sehr unterschiedliche Gründe eine Rolle: aktiver Widerstand gegen das Regime, wirtschaftliche Gründe oder Gewissensnotstand waren die am häufigsten angeführten. Ab 1960 regierte Walter Ulbricht (1893-1973) die DDR und vertrat sie als Staatsratsvorsitzender auch nach außen. Seine anti-westlich ausgerichtete Politik erreichte mit dem **Bau der Berliner Mauer am 13. August 1961** den Höhepunkt. Damit stellte die Parteiführung noch einmal klar, was durch „staatssichernde Maßnahmen“ an der Zonengrenze bereits deutlich war: Die DDR schloss sich und seine Menschen ab. Durch Mauerbau, Grenzanlagen und Schießbefehl wurde jede Abwanderung in den Westen unterbunden. Für die, die es trotzdem wagten, war die Flucht ein lebensgefährliches Risiko.

---

8) Neben den Organisationen des COMECON und der „Europäischen Wirtschaftsgemeinschaft“ (EG) standen auch die Staaten des „Warschauer Pakts“ und die der NATO einander diametral gegenüber.

In diese Zeit fallen zugleich intensive Bemühungen der DDR-Führung, sich internationale Reputation zu verschaffen und die Anerkennung als souveräner Staat zu beanspruchen. Ein erster bedeutender Erfolg in dieser Richtung war 1965 die Zulassung eines eigenen Nationalen Olympischen Komitees (NOK) durch das Internationale Olympische Komitee (IOC). Bis 1969 hatte die Bundesrepublik gegen die völkerrechtliche Anerkennung der DDR erfolgreich interveniert.

Mit **Beginn der „Ära" des Bundeskanzlers Willy Brandt** (1913-1992; Amtszeit 1969-1974) wurde eine **neue Ostpolitik** Programm und man sprach auch in Westdeutschland von „zwei deutschen Staaten". Anfang der 1970er Jahre kam es in den Beziehungen zur Bundesrepublik zu einer deutlichen Verbesserung. Unter anderem schlossen die DDR und Bundesrepublik 1972 den Grundvertrag, in dem sie sich gegenseitig als souveräne Staaten anerkannten. In der Folge wurde die DDR von den meisten Staaten der Welt diplomatisch akzeptiert. 1973 wurde die DDR zusammen mit der Bundesrepublik in die Vereinten Nationen (UNO) aufgenommen. Während sich die Beziehungen zur Bundesrepublik verbesserten, verfolgte die DDR zugleich innenpolitisch einen verstärkten Abschottungskurs gegenüber Einflüssen aus dem Westen. Die Sperranlagen an der innerdeutschen Grenze wurden beispielsweise ausgebaut und das Ministerium für Staatssicherheit (MfS) erweiterte sein Spitzelsystem. Die Zahl der politischen Häftlinge nahm wieder zu. Ein spektakuläres Beispiel für die rigorose Vorgehensweise war **1976** die **Ausbürgerung des Sängers Wolf Biermann** gegen dessen Willen. Vor allem Künstler und Autoren verließen daraufhin über Ausreiseanträge verstärkt die DDR.[9]

Reformkurs von Michail Gorbatschow in der UdSSR in den 1980ern mit Folgen für die DDR

Ab Mitte der 1980er Jahre kam es dann zu einer massiven politischen Veränderung in der UdSSR. Der Reformkurs Michail Gorbatschows in der Sowjetunion unter den Schlagworten „Glasnost" und „Perestroika" („Durchschaubarkeit" und „Umbau der Gesellschaft") wurde vom SED-Regime zwar strikt

9) Vgl. zur Biermann-Ausbürgerung Emmerich, S. 246-263, und Mittenzwei, S. 290-309.

abgelehnt. In der Bevölkerung wuchs jedoch die Hoffnung auf eine Liberalisierung und Öffnung auch in der DDR. Die Unzufriedenheit der Bevölkerung über den Mangel an Demokratie und Freiheiten war groß, die Zahl der Ausreiseanträge stieg kontinuierlich an. Nach den Kommunalwahlen im Mai 1989 eskalierte dann die Situation, als oppositionelle Bürgerrechtsbewegungen massive Wahlfälschungen aufdeckten. Die Staatsführung reagierte mit Einschüchterungsversuchen und einem Maßnahmeplan gegen solche „feindliche" Aktivitäten.

Unterdessen hatte die ungarische Regierung im Mai begonnen, den Grenzzaun zu Österreich abzubauen. Dies löste in der Folge eine **Fluchtwelle von DDR-Bürgern über Ungarn in den Westen** aus, die nicht mehr abriss. Im Lauf des Sommers flüchteten Tausende DDR-Bürger in bundesdeutsche Botschaften, vor allem in der Tschechoslowakei und Ungarn. Ende September durften die Flüchtlinge in den Westen ausreisen. Gleichzeitig kam es ab dem 25. September 1989 in der DDR immer häufiger zu **Massendemonstrationen**, über die die Parteiführung die Kontrolle verlor. Am 18. Oktober 1989 wurde Erich Honecker (1912-1994) als Staatsratsvorsitzender und Erster Sekretär durch Egon Krenz (*1937) abgelöst, doch ein deutlicher Kurswechsel war unter Krenz nicht zu erkennen – die Demonstrationen gingen weiter. Am 7. November trat dann Ministerpräsident Willi Stoph (1914-1999) und am 8. November das gesamte Politbüro der SED zurück. Das endgültige Ende des SED-Regimes markierte schließlich die **Öffnung der Berliner Mauer am 9. November 1989**. Bei den ersten freien Volkskammerwahlen in der DDR am 18. März 1990 erhielt das Parteien-Bündnis „Allianz für Deutschland", das eine Wiedervereinigung favorisierte, eine deutliche Mehrheit. Am 3. Oktober 1990 trat die DDR der Bundesrepublik bei. Deutschland erlebte im Dezember desselben Jahres die ersten gesamtdeutschen Bundestagswahlen.

Kulturpolitischer Hintergrund

Plenzdorfs *Neue Leiden* erschienen 1972 und sind deshalb zeitlich am Beginn der sich normalisierenden Beziehungen zwischen den beiden deutschen Staaten einzuordnen. Eine nähere Betrachtung des Romans vor dem Hintergrund der kulturpolitischen Bedingungen, wie sie sich in der DDR der frühen 1970er Jahre darstellten, ist deshalb unumgänglich. Sie ist zum einen sinnvoll und notwendig, um über die beabsichtigten und unbeabsichtigten politischen Implikationen des Romans Aufschluss zu erhalten. Zum anderen gerät damit auch das Rezeptionsverhalten der Leser in Ost und West in das Blickfeld. Die persönliche Betroffenheit Plenzdorfs im Entstehungsumfeld des Romans darf aus dem Reflexionszusammenhang nicht ausgeklammert werden (vgl. auch Kapitel 6).

Auf den zwei **„Bitterfelder Konferenzen“** (1959 und mit einigen liberalisierenden Neu-Tendenzen 1964) wurden u. a. die Richtlinien einer dem sozialistischen Aufbau verpflichteten Literaturpolitik für die DDR festgeschrieben.[10] Zentral für die offizielle Literaturtheorie in der DDR war dabei der **„sozialistische Realismus“**, auf den Walter Ulbricht auch in seiner Bitterfelder Rede eigens verwies. Nach dieser Doktrin soll der Schriftsteller die objektive Wirklichkeit in ihrer revolutionären Entwicklung darstellen und zugleich dabei die Menschen im Geiste des Sozialismus erziehen. Bevorzugtes Sujet sollte die sozialistische Produktion und die zentrale Figur sollte ein positiver, vorbildhafter Held sein – als Identifikationsangebot an den Leser. Die meisten Schriftsteller folgten dabei mit ihren Werken zunächst den Vorläufern in der proletarischen Literatur der 1920er Jahre im Gewand sozialistischer Moral, allen voran so prominente Autoren wie Erwin Strittmatter, Christa Wolf oder Hermann Kant, welche die Bitterfelder Konferenzbeschlüsse am sichtbarsten umsetzten. Trotz aller Eigenständigkeit zeigten die Autoren in ihren Büchern dabei, dass literarisches Engagement hier thematisch-inhaltlich verstanden wurde, und nicht als Entwicklung emanzipativer Literaturformen. Das kulturelle und gesellschaftliche Leben in der DDR war weitgehend normiert.

---

10) Vgl. Brenner, in: Brenner (Hg.), S.11-26, Emmerich, S. 113-131, sowie auch das 6. Kapitel dieses Bandes *Analysen und Reflexionen*.

Neue Leiden ***sorgen für Aufsehen***

Ulrich Plenzdorfs Bühnenstück/Roman *Die neuen Leiden des jungen W.*[11] unterbrach jäh die Gleichförmigkeit der DDR-Literaturlandschaft, in der Abwendungen von der Normerfüllung im Sinne der „Bitterfelder Beschlüsse“ aber bereits Ende der 1960er Jahre keine Seltenheit mehr waren. Der Mut zum literarischen Experiment setzte sich fortan bei den DDR-Schriftstellern durch; keine sozialistischen Helden, sondern einfache Menschen begannen die Literaturwelt mehr und mehr zu bevölkern. Edgar Wibeau war einer von ihnen.

Mit dem VIII. Parteitag der SED im Jahr **1971** war zwar eine **neue Phase in der Kulturpolitik der DDR** eingeleitet worden und Erich Honecker hatte betont, dass – sofern man von einer festen Position des Sozialismus ausgehe – es keine Tabus geben könne. Und in der Folge wurden auf der 6. Tagung des Zentralkomitees (ZK) der SED im Jahre 1972 **Forderungen nach größerem Freiraum für die Künstler** formuliert.[12] Dennoch hatte das SED-Regime Schwierigkeiten mit einem Text wie den *Neuen Leiden,* wie auch im Sammelband von Brenner dokumentiert ist.[13]

Zum Abschluss dieser knappen Einführung noch einmal wichtige Daten zur DDR-Geschichte in der Übersicht:

8. Mai 1945	bedingungslose Kapitulation Deutschlands
21./22. April 1946	Gründungsparteitag der SED
24. Juni 1948	Blockade Berlins durch die UdSSR; Luftbrücke nach West-Berlin, um die Bevölkerung zu versorgen

11) Die Urfassung ist nachzulesen im Sammelband von Brenner (Hg.), S. 71-138.

12) Dies schloss sogar Autoren ein, die weltanschaulich nicht auf marxistisch-leninistischem Boden standen, wenn sie den Sozialismus als aufrichtige Demokraten, Humanisten und Antifaschisten oder sogar aus christlicher Ethik bejahten. Vgl. Fischbeck, S. 339.

13) Vgl. Brenner (Hg.), v.a. S.141-237.

12. Mai 1949	Ende der Berliner Blockade
7. Oktober 1949	Gründung der DDR
1949	Verfassung der Deutschen Demokratischen Republik
27. Mai 1952	Einrichtung einer Sperrzone entlang der Grenze der DDR
5. März 1953	Tod Stalins; Zeit der Verunsicherung und Kampf gegen einen sich abzeichnenden „Revisionismus" in der DDR
17. Juni 1953	Aufstand in Ost-Berlin und in der DDR
20. September 1955	Staatssouveränität der DDR
1955	Beitritt der Bundesrepublik zur NATO; DDR wird Mitglied des Warschauer Pakts
24. April 1959	Erste Bitterfelder Kulturkonferenz
12. September 1960	Walter Ulbricht wird Staatsratsvorsitzender
13. August 1961	Bau der Berliner Mauer
1968	Einführung eines Pass- und Visazwangs im Reiseverkehr zwischen der Bundesrepublik Deutschland und West-Berlin
21. Oktober 1969	Willy Brandt wird Kanzler der Bundesrepublik Deutschland
19. März/21. Mai 1970	Treffen von historischer Bedeutung zwischen Brandt und Willi Stoph (Vorsitzender des Ministerrats der DDR) in Erfurt und Kassel; Ostverträge
3. Mai 1971	Rücktritt von Walter Ulbricht als Erster Sekretär des Zentralkommitees (ZK) der SED; Nachfolger: Erich Honecker

21. Juni 1973	Grundvertrag zwischen der Bundesrepublik Deutschland und der DDR
1. August 1973	Tod Walter Ulbrichts
1973	DDR und Bundesrepublik in der UNO
1984	Abbau der Selbstschussanlagen in der DDR; Wirtschaftskredite für die DDR
1987	Besuch Erich Honeckers in der Bundesrepublik
Sommer 1989	Massenflucht aus der DDR
18. Oktober 1989	Rücktritt Erich Honeckers
9. November 1989	Öffnung der Grenzen
18. März 1990	erste freie Wahlen in der DDR
1. Juli 1990	Einführung der D-Mark in der DDR
23. August 1990	Beschluss der Volkskammer über den Beitritt der DDR zur Bundesrepublik
12. September 1990	„Zwei-plus-Vier-Vertrag" („Vertrag über die abschließende Regelung in Bezug auf Deutschland", zwischen den Außenministern der vier ehemaligen Besatzungsmächte in Deutschland sowie den Außenministern der beiden deutschen Staaten unterzeichnet); Anerkennung der vollen Souveränität Deutschlands
3. Oktober 1990	Beitritt der DDR zur Bundesrepublik
2. Dezember 1990	erste gesamtdeutsche Bundestagswahlen

3. Romanaufbau – Charakteristika

Der eigentlichen Erzählung der Ereignisse um den Tod des jungen Edgar Wibeau sind drei Todesanzeigen sowie eine Zeitungsnotiz vorangestellt (S. 7 f.):

> Notiz in der *Berliner Zeitung* vom 26. Dezember
>
> Anzeige in der *Berliner Zeitung* vom 30. Dezember
>
> Anzeige in der *Volkswacht* vom 31. Dezember (Frankfurt/O.)
>
> Anzeige in der *Volkswacht* vom 31. Dezember von Else Wibeau, Edgars Mutter

Der Roman selbst hat drei Erzählebenen, die ineinander greifen:

1. Erzählebene: Aus Gesprächen, die Edgars Vater mit verschiedenen Leuten führt (Edgars Mutter; Edgars bestem Freund Willi; Edgars Arbeitskollegen Addi und der Kindergärtnerin Charlie), macht er sich ein Bild von dem Vorgefallenen. Auf dieser Ebene sind Dialoge vorherrschend. Der Leser ist hier gezwungen, sich beständig auf eine neue Perspektive einzustellen.

2. Erzählebene: Edgar selbst greift in diese Gespräche mit seinen „Jenseitskommentaren" korrigierend und ergänzend ein (S. 10 ff.).

3. Erzählebene: Es dominieren die von Edgar (in die 2. Erzählebene) eingebrachten *Werther*-Zitate (S. 17 ff.).

Montage-Text; komplexe Zeitüberschneidungen; Kerngeschehen erstreckt sich über ca. drei Monate

Da die aufgearbeiteten und reflektierten Ereignisse teilweise beträchtlich in die Vergangenheit zurückführen, ergibt sich im Roman keine absolute Übereinstimmung von jeweils erzählendem und erlebendem Ich. Im Vergleich mit Goethes *Werther*, in dem das Geschehen mit einigen Raffungen über ca. eineinhalb Jahre chronologisch entwickelt wird, ist die Zeitgestaltung in

Plenzdorfs Roman komplizierter. Das Kerngeschehen erstreckt sich hier über ca. drei Monate von Edgars Eintreffen in Berlin bis zu seinem Tode. Mit komplexen Zeitüberschneidungen, Vorausdeutungen und Rückblenden setzt Plenzdorf dem Leser ein vielschichtiges Persönlichkeitsbild Edgar Wibeaus zusammen, wobei auch Momentaufnahmen aus teilweise weit zurückliegenden Lebensabschnitten des jungen Mannes einbezogen werden.[14] Insgesamt stellt sich Plenzdorfs Roman als ein Montage-Text dar, bei dem die ‚Film-Schule' des Autors nicht zu übersehen ist. Die Montage-Darstellung ist auf Edgar Wibeau fokussiert. Auch wenn die Charaktere weitgehend unausgeführt bleiben, spielt auch das übrige Personengefüge eine wichtige Rolle. Es sind vier verschiedene Konstellationen der Begegnungen und Beziehungen zwischen Edgar und den übrigen Personen zu unterscheiden:

- Edgars Verhältnis zu seinen Eltern
- Edgars Verhältnis zu seinem besten Freund Willi
- Edgars Verhältnis zu seinen Arbeitskollegen (Addi, Zaremba)
- Edgars Verhältnis zu Charlie und ihrem Verlobten Dieter

Die einzelnen Personen werden direkt und indirekt charakterisiert. Sie gewinnen ihre Kontur durch ihre eigenen Ausführungen zur Sache (Gespräche mit dem Vater Edgars) sowie durch Edgars Kommentare, die seine Ansichten und Meinung über sie widerspiegeln. Die einzige Figur, die neben Edgar selbst ‚lebendiger' wirkt, ist Edgars Vater. Er taucht aus dem ‚Nichts' auf und macht sich durch intensives Nachfragen auf die Suche. Dabei muss er sich Schuld und Versäumnisse eingestehen. Ohne Kontur bleibt Edgars Mutter.

Schon allein deshalb, weil er der Adressat der *Werther*-Tonbänder seines Freundes ist, ist **Willi** eine zentrale Gestalt des Romans. Seine Erklärungen und Angaben tragen viel dazu bei, dass sich Edgars Vater – und damit auch der Leser – ein differenziertes Bild von seinem Sohn machen kann.

---

14) Wir beziehen uns in diesem Kapitel auf den direkten Vergleich von Goethes *Werther* und Plenzdorfs *Neue Leiden* bei Matzkowski, S. 42-57.

Addi und Zaremba sind die am plastischsten ausgeführten Nebenfiguren des Romans. Zaremba ist für Edgar eine Art Leitfigur, fast schon Vaterfigur.

In der Entwicklung Edgars kommt der **Dreiecks-Beziehung Edgar-Charlie-Dieter** die größte Bedeutung zu. Das Verhältnis dieser drei Personen nimmt dementsprechend auch den größten Teil des Romans für sich ein.

„Jenseitskommentare"

Edgar selbst wird durch einige Eigenwilligkeiten sehr lebendig charakterisiert. Der Leser erfährt sie aus dem Mund des jungen Mannes („Jenseitskommentare") oder durch Mitteilungen der übrigen Personen. Edgar Wibeau wird durch fünf „Attitüden" als eine in der Entwicklung befindliche Persönlichkeit in den Vordergrund gestellt. Er ist im Begriff, sich ein klar konturiertes Menschen- und Weltbild aufzubauen, durch:

- seine Kleidung (S. 26 ff.)
- seine Hobbies (S. 26 ff.)
- seine Lektüren (S. 33 ff.)
- seine Sprache einschließlich der von ihm verwendeten *Werther*-Zitate (S. 56 ff.)
- die von ihm vertretetenen kritischen, jedoch keineswegs destruktiven gesellschaftspolitischen Ansichten (S. 80 ff.)

Trotz seines dramaturgisch geschickten und anspruchsvollen Aufbaus wurde Plenzdorfs Roman im Vergleich mit anderen bahnbrechenden Romanerstlingen, beispielsweise Jerome D. Salingers (*1919) *The Catcher in the Rye* (dt. *Der Fänger im Roggen*) die große künstlerische Qualität nicht zuerkannt. Fritz J. Raddatz führte dazu differenziert aus: „Allem zugrunde liegt ein unnaives Literaturkonzept. *Hier* liegt die eigentliche Gegenposition zum *Werther*. Plenzdorf erzählt überhaupt nicht, er demonstriert, führt seinen Edgar Wibeau gegen Edgar Wibeau vor. Dieses Moment des streng Analytischen bestimmt den Duktus des Buches. Die literarischen Mittel entsprechen dem aufs genaueste – Notiz, Bericht, Interview, innerer Monolog, Montage; lauter erzählerische ‚Aufhaltsamkeiten'."[15] In sequenzartig angeordneten Si-

15) Raddatz, in: Brenner (Hg.), S. 304.

tuationen mit einer Fülle an Brechungen, wie sie Raddatz beschreibt, wird dennoch ein Handlungskontinuum sichtbar. Dessen Achse bildet die Liebesbeziehung zwischen Edgar und der Kindergärtnerin Charlie.

In der Forschungsliteratur zu Plenzdorfs Roman sind im Grunde **vier Interpretationsrichtungen** festzustellen:

- der Roman wird in erster Linie als Adaption der Goethe-Vorlage gewertet (v. a. westliche Germanisten)
- dem Roman wird als starker gesellschaftskritischer Appell gelesen (v. a. DDR-Germanisten)
- der Roman galt als „kulturpolitisches Paradigma" der DDR in den frühen siebziger Jahren (ebenfalls im Westen favorisierte Sichtweise)
- unabhängig von explizit politischen Lesarten wird im Roman ein Stück „Jugendliteratur" gesehen, d. h. „als Literatur, die sich mit Problemen Jugendlicher intensiv auseinandersetzt und die auch von Jugendlichen bereitwillig rezipiert wird"[16] (v. a. Leppla/Fischer)

Wir schließen uns gern der Betrachtungsweise von Leppla/Fischer an: In Plenzdorfs Roman sind – wie auch in Goethes *Werther* – zweifellos jugendnahe Themen und Probleme von zeitloser und gesellschaftsunabhängiger Gültigkeit zu erkennen (Protest gegen die Erwachsenenwelt, Beziehungsprobleme, Identifikationsnöte). Darüber sollte jedoch die Rolle und Bedeutung der Alltagsrealität in der damaligen DDR als Thema von Plenzdorfs *Neuen Leiden* und als Motiv für sein Entstehen nicht übersehen werden.

---

16) Leppla/Fischer, S. 11.

4. Im Fokus: Edgar Wibeau

Noch einmal ein **kurzer Inhaltsüberblick**:

Edgar Wibeau, 17 Jahre alt mit hugenottischem Blut in den Adern, ist vaterlos aufgewachsen. Seine Mutter hat ihn zu dem gemacht, was man unter einem folgsamen jungen Mann versteht. Deshalb erscheint es zunächst unverständlich, dass er aus nichtigem Anlass seine Stellung bei der VEB Hydraulik Mittenberg[17] aufgibt und sich nach Berlin absetzt. In einer abbruchreifen Laube, die den Eltern seines besten Freundes gehört, lebt er in den Tag hinein. Gammelnd, malend und meditierend versucht er mit sich ins Reine zu kommen. Auf der Suche nach Klopapier findet er in der Laube eine alte Ausgabe von Goethes *Die Leiden des jungen Werther,* das ihm zum Schicksalsbuch wird. Nach zwei Monaten entschließt sich Edgar, wieder Anschluss an die Gesellschaft zu suchen. Er schließt sich einer Maler- und Anstreicherbrigade an. Brigadeleiter ist der wenig flexible, humorlose und kurstreue Addi, mit dem Edgar von der ersten Begegnung an seine Probleme hat. Der eigentliche, inoffizielle Chef heißt jedoch Zaremba. Edgar hält es aber auch hier nicht lange aus. Als der Test eines vom Kollektiv entwickelten Farbspritzgerätes misslingt, macht er sich allein an die Weiterentwicklung. Mit einem sensationellen „NFG“ (nebelloses Farbspritzgerät) möchte er die Rückkehr in die Gesellschaft feiern[18], der er sich im Grunde seines Herzens weiter zugehörig fühlt. Kurz vor dem aussichtsreichen Abschluss seiner Erfindung stirbt er jedoch bei einem Unfall.

Edgars Entwicklung und Verhalten

Die Bedeutung des gesellschaftlichen Bezugsrahmens wird offenbar, wenn Edgars Entwicklung und Verhalten näher betrachtet wird. Es steht außer Frage, dass das häusliche, schulische, berufliche und private Umfeld in erheblichem Maße dazu beigetragen hat, die Anlagen auszubilden, die den jungen Mann zu dem gemacht haben, als der er erscheint: voller Widersprüche, schüchtern und herausfordernd, sanft und aggressiv, geduldig und aufbrausend, scharfsinnig und töricht. Er

17) VEB = Volkseigener Betrieb.
18) In erster Linie will Edgar vor Addi bestehen (vgl. S. 142).

ist ein Faulenzer und besessener Arbeiter, ein Träumer und Realist.[19] Dieses Charakterbild ist zutreffend, da sich in ihm die innere Zerrissenheit Edgar Wibeaus gepaart mit einer reifen Lebensskepsis widerspiegelt. Die grundsätzliche Lebensfreude weicht phasenweise einem Lebensüberdruss und Edgars Verhältnis gegenüber der Erwachsenenwelt ist von einer Protesthaltung geprägt, da diese für ihn einen Teil ihrer Glaubwürdigkeit verloren hat.[20]

Thematisch sind **drei einander überschneidende Konfliktfelder** festzustellen, in denen sich existentielle – zeitbedingte wie zeitunabhängige – Grundprobleme manifestieren:

- die Enge des Lebensraumes (Mittenberg), in dem dem sensiblen Edgar die notwendige Luft zum Atmen fehlt
- die fehlende Identifikation Edgars mit seinem Elternhaus
- ein (ideologisch) normierter Alltag (Erziehung, Schule, Betrieb, Alltag), in dem es für kreative Selbstentfaltung keinen Platz gibt

Jede Betrachtung des Romans muss von der Hauptfigur Edgar Wibeau ausgehen und auf sie bezogen werden. Folgende Fakten aus Edgars Leben, die sich aus den genannten Konfliktfeldern ergeben, sind deshalb für eine Interpretation des Romans wichtig:

- Edgar ist vaterlos aufgewachsen; seine Mutter hat ihren Sohn nie verstanden.
- Edgar nimmt die erstbeste Gelegenheit wahr, sich dem Anpassungsdruck in Erziehung und Ausbildung sowie der provinziellen Enge Mittenbergs zu entziehen.
- In Berlin findet sich Edgar zunächst bestätigt.
- Zugleich führen ihm aber die Menschen, denen er dort begegnet, seine eigenen Probleme und die Lebensrealitäten klar vor Augen.

---

19) Vgl. Lucas, S. 171.
20) Edgar hasst z. B. die im Betrieb geforderte öffentliche Selbstkritik. Dabei kommen nach seiner Auffassung nichts als Lügen heraus, denn keiner sagt das, was er wirklich denkt (vgl. S. 15).

- Zusätzlich verdeutlicht ihm der *Werther*-Roman seine Situation und hilft ihm, seinen (Aus-)Weg klarer zu definieren.
- Edgar will sich der Gesellschaft nicht entziehen. Er ist auf der Suche nach einem ihr und ihm selbst gemäßen Wiedereinstieg. Die freigewählte Isolation verfolgt damit das Ziel der Reintegration in die Gemeinschaft.
- Edgar hat ein positives Lebensziel und will seinen individuellen Lebensplan verwirklichen.

Das nachfolgende Schaubild verdeutlicht Edgars Zerrissenheit und Suche nach seiner Lebensmitte zwischen „Konformität" und „Individualität".

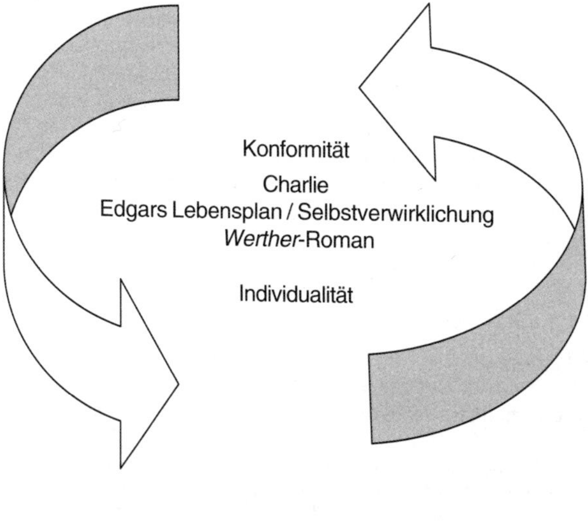

5. Kräftefelder

5.1 Edgar und die anderen

Figuren als Katalysatoren

Die Figuren des Romans haben primär die Funktion von Katalysatoren. Sie sind statisch und grobflächig angelegt und haben ausschließlich insofern Bedeutung, als sie zum Widerpart der Zentralfigur Edgar Wibeau werden[21]. Die knappen Dialoge (Vater-Gesprächspartner) sind demzufolge meist bloße Anstöße zum Bestimmen und Isolieren einer Grundsituation, in die Edgars Kommentare einfallen. Diese relativieren, stellen Zusammenhänge her und korrigieren aus ‚jenseitiger Distanz', gewissermaßen aus der Perspektive des umfassend Informierten. Gegen Ende des Romans nehmen sie dann „fast ganz den Raum des Erzählens"[22] ein. Da Edgar seine eigenen Handlungen und die der anderen nicht nur kommentiert, sondern größtenteils auch interpretiert, werden dem Leser Relativierung und Objektivierung geradezu abverlangt[23], d. h. es wird eine doppelte Brechung von Handlungen, Zuständen und Gedanken impliziert. Darin liegt einerseits etwas ungemein Didaktisches, aber andererseits auch ein Teil des Lesevergnügens: Der Leser wird ganz zum ‚Mitspieler' gemacht und in das gesamte Kommunikationsgeschehen einbezogen, er muss sich – im doppelten Wortsinne – Edgar Wibeau stellen.

5.1.1 Edgars Eltern

Edgars Fluchtmotive hängen stark mit seinen Eltern und deren Rolle in seiner Kindheit und Jugend zusammen. Zur Frage nach den Gründen für seine Flucht gibt Edgar folgende Erklärung ab:

---

21) Wiederholt ist der Vorwurf formuliert worden, Plenzdorf habe seine Hauptfigur zu sehr in den Mittelpunkt gerückt. Ihm gegenüber fielen alle anderen Figuren deutlich ab. Wir sehen das ähnlich, möchten aber im Folgenden die Perspektive etwas verschieben. Zweifellos ist Edgar Wibeau die absolut dominante Figur.

22) Schütte, in: Brenner (Hg.), S. 276.

23) Vgl. Leppla/Fischer, S. 7-12.

„Damit sind wir beim Thema, weshalb ich zu Hause kündigte. Ich hatte einfach genug davon, als lebender Beweis dafür rumzulaufen, dass man einen Jungen auch *sehr* gut ohne Vater erziehen kann. Das sollte es doch sein. An einem Tag war ich mal auf den blöden Gedanken gekommen, was gewesen wäre, wenn ich plötzlich abkratzen müsste, schwarze Pocken oder was. Ich meine, was ich dann vom Leben gehabt hätte. Den Gedanken wurde ich einfach nicht mehr los." (S. 23)

Aufgrund dieser Aussage ist man rasch geneigt, die Eltern – und vor allem die Mutter Else Wibeau – für Edgars Flucht und für alles Folgende verantwortlich zu machen. Mutter Wibeau hat gegenüber ihrem Sohn versagt, sein Wesen und seinen Charakter gründlich verkannt, während sie ihn zum „Musterknaben" zu trimmen versuchte. Doch hat sie weder jemals das Vertrauen ihres Sohnes wirklich gewinnen, noch sein Verhalten sensibel genug einschätzen können, wie sich in kennzeichnender Weise nach Edgars Konfrontation mit Flemming, dem Ausbilder des Betriebes, zeigt. Als Edgar sich ihm gegenüber nicht wie gewohnt ‚musterhaft' verhält, gibt Mutter Wibeau eine ebenso unzutreffende wie klischeehaft-undifferenzierte Beurteilung ab, die ganz ihren eigenen festliegenden Ordnungs- und Normvorstellungen entspricht. Sie setzt das Verhalten Edgars mit „Rowdy"-Verhalten gleich (S. 9), und just das kann man Edgar nicht nachsagen, wie durch Edgars Begründung des Vorfalls deutlich wird.

Dennoch: Edgar liebt seine Mutter und tut sehr lange alles, um ihr nur „keinen Ärger" zu machen (S. 22). Hier liegt, von ihm selbst erkannt, *sein* Teil des Versagens. Er hat wider besseres Wissen und Empfinden geschwiegen, den Mustersohn gespielt und die gemeinsam begangenen Schwächen und Fehler aus Bequemlichkeit toleriert, ja ihre Entwicklung begünstigt. Seine eigene Anpassungsbereitschaft verachtet er jedoch. Mit seinem abrupten Ausstieg trifft er dann eine Entscheidung von großer Tragweite und ganz eigener Qualität, die seine Mutter nie treffen würde und darum auch nicht verstehen kann.

Während Edgars Mutter ihren Einfluss ebenso direkt wie vergeblich ausübt, hat der Vater einen nur indirekten, aber nicht weniger entscheidenden Anteil an der Entwicklung Edgars. Sein Fehlen wird für den Heranwachsenden naturgemäß zu einem ganz spezifischen Problem, das Edgar nonchalant *verbal* zu überspielen versucht (S. 21). Edgar vermisst jedoch zweifellos eine Vaterfigur, ein Vorbild. Selbstironisch setzt er sich ein ganz eigenes Vorbild:

> „Mein größtes Vorbild ist Edgar Wibeau. Ich möchte so werden, wie er mal wird." (S. 15)

Der Vater verließ die Familie, als Edgar fünf Jahre alt war. Von ihm hat er den „Hugenottenblutdruck" (S. 14), das durchaus hitzige Temperament, seinen Stolz, die Unrast und seine erfrischend optimistische Lebenseinstellung, die in keinem Widerspruch zu seiner Skepsis steht.

besitzergreifende Mutter, abwesender Vater

Hier der Konflikt mit einer besitzergreifenden Mutter, dort eine Art Hassliebe zu einem einzelgängerischen Vater, den er nur von gelegentlichen Grußkarten her kennt: Mit einiger Zwangsläufigkeit mündet diese Leere, die das Fehlen des einen und die Anwesenheit des anderen Elternteils verursachen, bei Edgar in jene konkrete Frage nach dem Sinn und Zweck des Lebens (S. 23), die sich früher oder später jeder (junge) Mensch stellt, und auf die jeder eine Antwort sucht.

Edgar flieht dabei nicht in die Resignation, sondern nimmt sich den Mut zu *seiner* Freiheit, zur Suche nach einem positiven Lebensziel. Ganz wie der Vater auch seinen eigenen Weg gegangen ist. Entspricht also im Roman das Vaterbild ganz dem Sohnesbild?

Es scheint so. Eine solche Schlussfolgerung wird dadurch gestützt, dass sich der Beziehungskreis Vater-Sohn (doch noch) schließt, wenn es auch zu spät ist für gemeinsam zu durchmessende Erfahrungsräume: Immerhin ist es Vater Wibeau, den Plenzdorf recherchieren lässt, und der damit den Weg zu seinem Sohn findet, ganz glaubwürdig und ohne jeden Anflug von falscher Sentimentalität.

Doch die Rollenerwartungen werden nicht ausschließlich von der Mutter gestellt, und Edgars Kontaktdefizite sind nicht allein im Fehlen eines Vaters begründet. Die Mittenberger Welt mit all ihren Menschen und Erscheinungsformen nährt ebenfalls Edgars Grundgefühle des Widerstandes und Aufbegehrens:

„Ich glaube, die meisten wollen die Welt sehen. Wer von sich behauptet: nein – der lügt. Ich stieg immer sofort aus, wenn einer behauptete, Mittenberg das sollte schon die Welt sein.“ (S. 41 f.)

Edgar wehrt sich erkennbar gegen alles Normierte und ihn Normierende. Seine kreative Energie verschafft ihm zunächst seinen spektakulären Auftritt und Abgang; sie führt ihn aber auch weiter auf dem Wege zur Selbstfindung und Bewältigung seines Problems.

Für Heidrun Kaschuge liegt aufgrund dieser Gegebenheiten der Schluss nahe, dass Edgars Reaktionen normal und alterstypisch sind, und ohne weiteres auf westliche Verhältnisse übertragen werden können: „Edgars Flucht aus der Gesellschaft, die mit einer Flucht vor auferlegten Leistungszwängen gleichzusetzen ist, scheint auch ein plausibler Schritt für viele Jugendliche unserer Gesellschaft, denn Leistung prägt ja unsere gesellschaftliche Situation ebenfalls. Nicht nur schulisch, sondern auch beruflich werden Jugendliche mehr denn je Leistungszwängen ausgesetzt, denn nur die Leistungsfähigsten unter ihnen haben eine Chance [sic!] eine gesicherte gesellschaftliche Position zu erlangen.“[24] Diese Aussage legitimiert sich ganz unverkrampft aus dem Text. Denn Edgars Protest-Aufbruch entspricht tatsächlich dem geradezu übermütigen ‚beat-and-jeans-drive‘ der jungen Generation der 1970er Jahre in ihrer Ablehnung der Erwachsenenwelt schlechthin, die sich deshalb auch spontan auf die Seite von Plenzdorfs (fast romantischem) Helden schlug. Und bis heute kann Edgar – unter modifizierten Voraussetzungen – immer noch für jugendliche Lebensprobleme und jugendliches Aufbegehren stehen.

5.1.2 Edgars bester Freund: Willi

Adressat der Tonbänder und wichtigster Kommunikationspartner

Als Zufallsbegegnungen begrenzen die übrigen (Roman)-Figuren Edgars Gesichtskreis mehr oder weniger. Sie alle bringen ihn sich selbst jedoch entscheidend näher. Edgars bester Freund Willi ist dabei seine

24) Kaschuge, S. 78 f.

Dauerverbindung nach Mittenberg, gleichsam die Brücke zur ‚alten Welt'. Er ist als Empfänger der Tonbänder, die Edgar ihm in unregelmäßigen Abständen schickt, der wichtigste Kommunikationspartner. Die beiden kennen sich lange und gut. Willi schätzt die komplexen Anlagen seines Freundes und beurteilt sie zutreffender, als es die anderen tun, obwohl er selbst schlichter veranlagt, mit Friedrich Plates Worten, „eine linkisch-brave Gestalt“[25] ist. Auch Edgar seinerseits hält große Stücke auf Willi:

> „Du bist in Ordnung, Willi. Du kannst so bleiben. Du bist ein Steher.“ (S. 28)

Sie teilen beide die Leidenschaft für die Malerei („abstrakt“, S. 20), ohne sich für große Künstler zu halten, und träumen von einer Rolle, einem Lebensort außerhalb der Normalität, außerhalb des Alltäglichen. Willi schwimmt im Kielwasser Edgars – in der Schlussszene der Urfassung für die Bühne heißt es: „fühlt sich wohl in Gesellschaft von Edgar“[26]. Edgar erscheint als der Überlegenere, der Initiativfreudigere, als „Rebell“, „Luftikus“ oder auch „verkanntes Genie“, wie Edgar sich gern selbstironisch nennt. Eben dies macht aber auch nach Friedrich Plates Ansicht Plenzdorf, der zu sehr in „seinen Edgar verliebt“[27] sei, und den Roman recht angreifbar, denn nichts werde wirklich hinterfragt, problematisiert.

Verhindert die dominante Hauptfigur mit ihren charmant-liebenswerten Zügen das wirklich? Wir sind anderer Auffassung. Es wird genügend Material verdichtet, an dem sich Fragen geradezu aufdrängen, und an dem der Blick auf tiefliegende Probleme freigegeben wird. Bei der Interpretation sollte stets bewusst sein, dass Plenzdorf diesen Roman auf „Auslegbarkeit“ hin geschrieben hat.[28] Dabei sind Situationen, Personen und Perspektiven vielfach nur angedeutet. Uns will scheinen, dass die Dominanz des Edgar Wibeau nichts verdrängt, sondern eher zusammendrängt – konzentriert.

25) Plate, in: Brenner (Hg.), S. 227.
26) Plenzdorf, Urfassung, in: Brenner (Hg.), S. 138.
27) Plate, in: Brenner (Hg.), S. 227.
28) Brenner, in: Brenner (Hg.), S. 41-46.

5.1.3 Edgars „Vaterfigur“: Zaremba

Von den Männern der Brigade besitzt nur Zaremba eigenes Profil. Zaremba ist ein Erzkommunist, der das System und seine Menschen kennt. Edgar fasst spontan Vertrauen und Zuneigung zu ihm. Zaremba, von Edgar liebevoll als ein „Vieh“ tituliert (S. 89), ist über siebzig Jahre alt. In der Urfassung umreißt ihn Plenzdorf als Bühnengestalt sehr scharf:

> „Zaremba ist siebzig und mehr, aber beweglich wie nur einer. Klein, drahtig, verfilzte und verfärbte Augenbrauen, abgefressene Haare undefinierbarer Farbe. Schweinsäuglein.“[29]

Idealfigur; Kommunist und Individualist

Nicht eben sehr sympathisch. Für Edgar besteht er „nur aus Haut und Knochen“ (S. 89), und es imponiert ihm ungemein, dass Zaremba es in seinem Alter noch mit Frauen hat, was Edgar ‚live‘ aus nächster Nähe mitbekommt (S. 90). In der Arbeit entpuppt sich Zaremba als wahres Unikum. Edgar sieht ihm Grobheiten nach, und ohne Zaremba hätte er sofort wieder kehrtgemacht. Zaremba hat mit seinem mehrdeutig modulierten „no“ und „herich“ (S. 94) die Truppe fest im Griff, obwohl er dem Brigadeleiter Addi den Rang in keiner Weise streitig macht. Auch Addi lässt sich, wenn nötig und nur widerstrebend, von ihm leiten. An Edgars Krankenbett in der Laube bringt er sogar eine Entschuldigung zustande (S. 111 f.), fraglos Zarembas Einfluss. Der alte Kommunist Zaremba ist ein großer Individualist, der Edgars Vorstellungen von Freiheit und Unabhängigkeit, Daseinsbejahung und Selbstverwirklichung lebt und als Beispiel täglich aufs Neue nährt.

Ihn, dem das Leben das Gesicht gekerbt hat (Zaremba ist alter Spanienkämpfer), kann nichts mehr wirklich aus der Fassung bringen, und wer wollte ihm in Sachen ‚Ideologie‘ noch etwas vormachen?

Edgar hingegen ist ein junger Mann, der erst seine eigenen Erfahrungen machen muss. Zaremba wittert das Besondere an ihm, die hervorragenden Anlagen in dem leichten, doch nicht oberflächlichen Naturell, und geht deshalb behutsam mit ihm um. Auch wenn er Edgar nicht ganz genau einordnen kann, erkennt

29) Plenzdorf, Urfassung, in: Brenner (Hg.), S. 114.

Zaremba die Ebenbürtigkeit des Jüngeren an. Und das schätzt Edgar. Zaremba steht voll zu Edgar. In der Urfassung lässt er es sich auch nicht nehmen, ihn zusammen mit Addi, Jonas und einem weiteren Arbeiter der Brigade nach dem Unfall auf der Bahre aus der Laube zu tragen.[30)]

Zaremba denkt, erklärt, gleicht aus. Er ist außerdem ein hervorragender Arbeiter („Zaremba malte wie eine Maschine“, S. 91), eine wirkliche Persönlichkeit in einer Gesellschaft, die genug technokratische Funktionäre hat (Else Wibeau, Flemming, Addi, vielleicht später auch Dieter einmal), aber zu wenig Menschen. Zaremba trägt alle Züge einer Idealfigur, einer Vaterfigur für Edgar: souverän und kompetent in der Sache, großzügig und tolerant; wenn es darauf ankommt, politisch zuverlässig ohne ideologische Thesentreterei; vorausschauend und entscheidungsbewusst; eigenständig im Denken und Handeln, dabei voller Witz und Humor.

Auffallend ist jedoch, dass Zaremba als einziger der engeren Vertrauten Edgars von Vater Wibeau nicht aufgesucht wird. Zaremba wird ausschließlich durch Edgars Schilderungen und Beurteilungen charakterisiert. Seine ganze Hochachtung und Verehrung für diesen Mann drängt Edgar in einem bemerkenswerten Satz zusammen:

> „Schiller und Goethe und die, das waren vielleicht wertvolle Menschen. Oder Zaremba.“ (S. 87)

5.1.4 Edgars Liebe: Charlie

Edgars Beziehung zu Charlie (Charlotte) bildet die eigentliche Fabel des Romans und nimmt den größten Raum ein. Es ist eine zarte Liebesgeschichte trotz der teils starken, teils saloppen Sprüche, die Edgar drauf hat. Die Schilderungen der Romanze beginnen mit Herrn Wibeaus Nachforschungen, in deren Verlauf er Charlie trifft (S. 43), und enden mit dem Abbruch der Beziehun-

30) Plenzdorf, Urfassung, in: Brenner (Hg.), S. 134. In der Urfassung überlebt Edgar den Unfall schwer verletzt und kehrt anschließend wieder nach Mittenberg zurück, wo er festlich empfangen wird. Am Ende heißt es: „Edgar fühlt sich wohl hier, besonders, wenn sich jemand nach ihm umsieht, obwohl ansonsten alles ein bisschen lütt ist.“ Ebd., S. 138.

gen durch Charlie und Edgars abschließenden Reflexionen darüber (S. 139).

Charlie ist Kindergärtnerin und mit Dieter, einem strebsamen jungen Intellektuellen, fest liiert. Bei einem ihrer Spieltage in der Laubenkolonie entdecken Kinder den seltsamen Laubenbewohner Edgar, und es bahnt sich zwischen ihm und der Kindergärtnerin eine Verbindung an, die mit ganz unterschiedlicher Intensität von Charlie und Edgar gesucht und erlebt wird.

Edgar begehrt Charlie von Anfang an. In richtiger Einschätzung ihrer wahrscheinlichen Reaktionen aber dosiert er vorsichtshalber das Tempo seiner Annäherung (S. 54). Charlie empfindet eher Neugier, Freundschaft, auch ein Stückchen Bekehrungswillen ihm gegenüber – sicherlich aber keine Gefühle des Verlangens oder gar der Liebe. In seiner unbekümmerten und stets eigenwillig-überraschenden Art stellt Edgar für Charlie die willkommene Ergänzung zu Dieter dar, ihrem späteren Ehemann, in dem sie durchaus einen Streber und Spießer sieht und ihn deswegen zeitweilig schroff ablehnt.

Im Laufe der Beziehung gelingt es Edgar, dem unkompliziert erscheinenden Gewinner-Typ, der bei Mädchen immer ankam, Charlies Sinnlichkeit zu wecken. Er heuchelt jedoch Gleichgültigkeit und Desinteresse, als Dieter, der inzwischen aus der Armee zurückgekehrt ist, ihn zusammen mit Charlie besucht. Edgar tut zugleich alles, um Dieter zu provozieren, und gibt damit zu erkennen, dass ihn die feste Bindung Charlies an Dieter stört, sogar betroffen macht. Dieses Betroffensein verbleibt allerdings vor der Leidschwelle, d. h. es kommt nicht aus seinem Innersten, denn bis dahin ist der Schmerz gar nicht durchgedrungen.

Die Verbindung zwischen Charlie und Edgar reißt vorübergehend ab und lebt erst wieder nach einer Einladung Charlies an Edgar auf (S. 117). Edgars Reaktion beweist, dass er nur darauf gewartet hat, um doch noch zum Zuge zu kommen. Tatsächlich erreicht die Begegnung während eines Boots-Ausflugs bei strömenden Regen einen leidenschaftlichen Höhepunkt (S. 132 ff.), der zugleich das Ende ihres Verhältnisses herbeiführt. Charlie, inzwischen mit Dieter verheiratet, hat ein schlechtes Gewissen wegen ihrer Nachgiebigkeit und rennt davon. Edgar hält sie nicht auf (S. 135). Im Augenblick der Trennung konzentriert er sich bereits wieder auf seine Erfindung, die er niemals wirklich aus seinen Gedanken verdrängt oder gar verloren hat.

Für Hilde Rubinstein wirkt diese Charlie „liebenswert, aber sie ist auch bereits festgestanzt“[31], und Joachim Kaiser charakterisiert sie gar als „Typ eines Mädchens, das Kindergärtnerin und liebende Gattin und Freundin mit der Tendenz zum asozialen Abgrund ist.“[32]

Charlie äußert gegenüber Herrn Wibeau ihre gespaltenen Gefühle, die sie für Edgar empfunden hat (S. 44-48; 57; 64; 85). Über ihre persönlichen Probleme, die zweifellos vorhanden sind, spricht sie nicht. Deshalb befindet Marcel Reich-Ranicki, dass die Dreiecksgeschickte „blass und schemenhaft“ bleibt, da „Dieter und vor allem Charlie pure Schemen sind“.[33]

Obwohl die Romanfiguren unausgeführt wirken, sind grundlegende Charakterzüge und Beweggründe ihres Handelns evident. Charlie verkörpert für Edgar durchaus so etwas wie eine ‚Traumfrau‘, wenn er es sich auch erst später eingesteht. Vordergründig ist sie nicht mehr als eine reizvolle Unterbrechung seiner Lauben-Idylle, ‚Beuteobjekt‘ des Mannes und ‚Opfer‘ eines Feldzuges, der eigentlich gegen Dieter, die Verkörperung des von Edgar gehassten Spießertums, gerichtet ist (S. 77).

Charlie erscheint Edgar in vielen Belangen überlegen. Sie besitzt die kühle Cleverness, die ihm fehlt; in der Urfassung heißt es: „wache, ganz junge Frau“[34]. Die von ihr eingesetzten Mittel sind zielklar begrenzt – Urfassung: „Spielen liegt ihr im Grunde ohnehin nicht“[35] –, aber sie ist als Frau begehrenswert wegen ihrer natürlichen erotischen Ausstrahlung mit einem Schuss herausfordernder Verruchtheit. Politisch verhält sie sich ‚kursstabil‘, wenn auch nicht herausragend engagiert. Erst zwei Tage vor seinem Tode kommt in Edgar ein tieferes Gefühl für sie auf.

Die Begegnung mit Charlie ist von zentraler Bedeutung für Edgar. Durch sie macht er zwei grundsätzliche Erfahrungen: Eine *sozi-*

---

31) Rubinstein, in: Brenner (Hg.), S. 322.
32) Kaiser, in: Brenner (Hg.), S. 297.
33) Reich-Ranicki, in: Brenner (Hg.), S. 264 f.
34) Plenzdorf, Urfassung, in: Brenner (Hg.), S. 91.
35) Plenzdorf, Urfassung, in: Brenner (Hg.), S. 98.

ale, die ihm zeigt, dass er für eine Beziehung noch nicht reif genug ist, und eine *intellektuelle*, die ihm hilft, den *Werther* besser zu verstehen. Beide Erfahrungen zusammen verhelfen ihm zur vertieften Einsicht in seine eigene Verstiegenheit, aus der ihn – wie er meint – allein der erfolgreiche Abschluss seiner Erfindung herausbringen kann.

Bedeutung für Edgars Entwicklung

5.2 Edgar und die Bücher

Im Reflektieren der eigenen Situation („Jenseitskommentare") geht Edgar Wibeau ehrlich, selbstkritisch und selbstironisch mit sich ins Gericht. Dass dabei manche seiner Aussagen im Widerspruch zu denen seiner Mutter, Charlies und selbst Willis stehen, macht sie (und Edgar) nur umso glaubwürdiger. Sie verraten aber auch seinen noch ungesicherten Standort. Edgar ist kein Kämpfer ‚mit dem Rücken zur Wand', schon gar kein Ideologe. Er wirkt eher labil. Immer dann, wenn er abgewiesen wird, neigt er zum Davonlaufen. Zum Schluss, in der Bilanz der eigenen Stärken und Schwächen, stellt er selbst fest:

> „Das war vielleicht mein größter Fehler: Ich war zeitlebens schlecht im Nehmen. Ich konnte einfach nichts einstecken." (S. 147)

Zentraler Punkt der den eigenen Standort auslotenden Reflexionen Edgars sind eben die privaten und allgemein-öffentlichen Verhältnisse des Gesellschaftssystems, in dem er nicht ‚zu Hause' ist und das offenkundig keinen Sinn hat für „emotionale Empfindungen und Stimmungen".[36] Als Ausdruck einer wachsenden Ich-Entfaltung rücken dabei – neben der provozierend zur Schau getragenen ‚Beat- und Jeansideologie' – Edgars Lektüreneigungen (Jerome D. Salinger) und die maßgeblich zur Selbstfindung führenden *Werther*-Zitate mehr und mehr in den Mittelpunkt der Kommentare (S. 33 ff.). Die Person Dieters wird zum auffälligsten Widerpart. An ihm entzündet sich Edgars Abneigung gegen alles Konventionelle, gegen die Welt der ‚geregelten Bedürfnisse'. Im

36) Leppla/Fischer, S. 38.

Aufeinanderprall der Lektüregewohnheiten Edgars und Dieters kristallisiert sich ganz plastisch auch die große geistige Distanz des rebellischen jungen Mannes zum Kulturestablishment generell heraus:

> „Als nächstes nahm ich mir seine Bücher vor. Er hatte die Masse. Alles unter Glas. Alle der Größe nach geordnet. Ich sackte zusammen. (...) Meine Meinung zu Büchern hab ich wohl schon gesagt. Ich weiß nicht, was er alles hatte. Garantiert alle diese guten Bücher. Reihenweise Marx, Engels, Lenin. Ich hatte nichts gegen Lenin und die. (...) Dagegen war ich nicht. Aber gegen alles andere. Dass man Bücher nach der Größe ordnet zum Beispiel." (S. 80)

5.2.1 *Der Fänger im Roggen*

leitendes Vorbild für Edgar und auch Plenzdorf

Edgar hat zu diesem Zeitpunkt das Stadium einer ‚naiven' *Werther*-Rezeption bereits hinter sich gelassen und schreitet mit den zunehmend maßvoller und zentrierter angebrachten Schüssen aus seiner „*Werther*-Pistole" vom bloßen effekthaschenden Zitieren zum selbsterkennenden Begreifen beinahe systematisch voran. Ehe Edgar den *Werther* in die Hände bekommt, sind von den „...zig Milliarden und das mal zwei" Büchern *Robinson Crusoe* und das „von diesem Salinger" (S. 33) seine Lieblingsbücher. Zu Salinger hatte Edgar eine ganz spontane und intensive Beziehung: „Dieser Salinger ist ein edler Kerl." (S. 33). Der Held dieses Leit- und Signalbuches beeinflusst seine Lebenseinstellung ganz entscheidend. Werfen wir deshalb zunächst einen kurzen Blick auf Salingers Roman *The Catcher in the Rye* (dt. *Der Fänger im Roggen*), der für Edgar Wibeau *das* Buch schlechthin ist.

1951 erschienen, wurde Salingers Roman erst gut zwei Jahre später ein wirklicher Bestseller, wenn auch nur für die kurze Zeit eines halben Jahres. Heute zählt *Der Fänger im Roggen* zu den Klassikern der modernen amerikanischen Literatur. Er wurde für Plenzdorf das leitende Vorbild, sowohl was die Figur seines Romanhelden als auch die formalen Besonderheiten angeht. In einem Interview bekannte sich Plenzdorf freimütig zu seinen literarischen Bezugsgrößen: „Ich teile da völlig Edgars Meinung zu diesem Thema".[37]

Kein Wunder, dass sich die Erhellung zur Handlung und Erzähltechnik des berühmten Salinger-Romans in der Sekundärliteratur nahezu identisch zu Plenzdorfs *Neuen Leiden* ausnehmen: „Die eigentliche Handlung des ‚Catcher' ist auf eine Zeitspanne von vier Tagen beschränkt und denkbar unkompliziert. Der Erzähler Holden Caulfield berichtet über seine Relegation von der Schule, seine Fahrt nach New York kurz vor den Weihnachtsfeiertagen und die Erfahrungen, die er während dieser Zeit macht. (...) Die Technik der Abschweifungen und Kommentare, die der Erzähler verwendet, (...) verleihen dieser Erzählung jedoch ihren besonderen Charakter. Der Roman besteht aus 26 Abschnitten, die als Kapitel bezeichnet werden können (...). Holden erzählt seine Geschichte aus der Retrospektive; während des Handlungsablaufs war er sechzehn, zum Zeitpunkt seiner Berichterstattung ist er siebzehn Jahre alt." [38]

Vor diesem Hintergrund muss Edgar Wibeaus Haltung als vollkommen unpolitisch eingestuft werden. Mit einem Seitenblick auf den Salinger-Roman formuliert denn auch Marcel Reich-Ranicki sehr pointiert: „Und wie es dort nicht um den Kapitalismus ging, geht es hier nicht um den Sozialismus. (...) Wogegen sie naiv und trotzig protestieren, sind die Formen des Zusammenlebens, die sie für unerträglich vor allem deshalb halten, weil sie ihre Selbstverwirklichung permanent verhindern."[39]

5.2.2 *Werther*

Der auf dem Lauben-Klo gefundene *Werther* gewinnt für Edgars zukünftiges Leben entscheidende Bedeutung, ist *die* Erfahrung seines Lebens überhaupt. Zunächst, eben nur als zufällige Fundsache, ist das Heft für ihn nicht mehr als ein Mittel, die Eintönigkeit und die Langeweile, die sich in seinem neuen Dasein bald einstellen, zu überbrücken. Der von Plenzdorf bestimmte Fundort ist

37) Zit. n. Münder, Ulrich Plenzdorf, S. 48.
38) Münder, Jerome David Salinger, S. 20.
39) Reich-Ranicki, in: Brenner (Hg.), S. 266.

dabei ebenso kennzeichnend für Edgars (anfängliches) Verhältnis zu diesem Roman wie zu sich selbst:

> „Und kein Papier, Leute. Ich fummelte wie ein Irrer in dem ganzen Klo rum. Und dabei kriegte ich dann dieses berühmte Buch oder Heft in die Klauen.“ (S. 35)

Edgar mokiert sich heftig über den „Vogel“, den er schon nach wenigen Seiten „in die Ecke schoss“ (S. 36), und meint zum Inhalt, der auf ihn sehr befremdlich wirkt:

> „Der Kerl in diesem Buch, dieser Werther, wie er hieß, macht am Schluss Selbstmord. Gibt einfach den Löffel ab. Schießt sich ein Loch in seine olle Birne, weil er die Frau nicht kriegen kann, die er haben will, und tut sich ungeheuer leid dabei.“ (S. 36)

Edgar weiß auch mit der ‚antiquierten‘ Sprache nichts anzufangen. Zur Grundproblematik des Buches und zur eigentlichen Botschaft findet er zunächst gar keinen Zugang. Immerhin beschäftigt ihn der Romanausgang als Schlüsselreiz für das Ergründen seiner eigenen Situation. Er entnimmt ihm und seinem Helden mehr und mehr Sinn. Was zunächst gelegentlich als Gag zitiert wird, erhält in der ständig wachsenden Bewusstheit Edgars allmählich Richtung und Ziel.

Wirklich wichtig aber wird der Text ihm erst, als Charlie auftaucht. Bald ist ihm der *Werther* ein wahrer ‚Freund und Helfer‘, aus dem er mit seinem hervorragend funktionierenden Gedächtnis ganze Passagen auswendig zitiert. Schließlich hat Goethes Roman die Qualität eines persönlichen Besitzes angenommen.

Zu seinem Erstaunen erkennt Edgar in dem „blöden Buch“ rasch einen gewissen Nutzwert („Dieser Werther hatte sich wirklich nützliche Dinge aus den Fingern gesaugt.“, S. 76). Das Buch wird ihm gar zur schärfsten Waffe, zu seiner „Pistole“, die er nach Belieben abschießt, um seine Gesprächspartner zu schockieren: So macht er es bei Dieter („Mein Freund..., der Mensch ist Mensch, und das bisschen Verstand (...)“, S. 82), so bei Addi („Er ist der pünktlichste Narr, den es nur geben kann; Schritt vor Schritt und umständlich wie eine Base (...)“, S. 99). Allein Zaremba bleibt von dem „Althochdeutsch“ (S. 99) unbeeindruckt. Gegenüber Charlie wird Edgar die Roman-Zitate als Kontakt-Code einsetzen, ganz entschieden aber zur punktuellen Beschreibung seiner eigenen Situation („Hie sitz ich und schnappe nach Luft (...)“, S. 84) und endlich zu ihrer scharf abgegrenzten Bestimmung („Ich war jedenfalls fast so weit, dass ich Old Werther verstand, wenn er nicht mehr weiterkonnte (...)“, S. 147). Aus dem „ulkigen“ *Werther* ist der vertraute „Old Werther“ geworden.

zwei Gruppen von Werther-*Zitaten*

Die von Edgar verwendeten *Werther*-Zitate können in zwei Gruppen eingeteilt werden. „Die der einen begleiten unmittelbar den analogen Verlauf der Lebensbemühung in Liebe und tätigem Leben, kommentieren also auf flotte, komische oder groteske Weise Edgars Liebe (...) und die Versuche der Integration in die Anstreicher-Brigade.“[40] Die zweite Gruppe stellen nach Peter Wapnewski vier gewichtigere Aussagen dar, die „nicht abgetan werden können als dekoratives Beiwerk und rhetorische Applikation“.[41] In der Tat kann die Lockerheit, mit der Edgar seine *Werther*-Zitate auf die Umwelt loslässt, die für den Roman charakteristische Hintergründigkeit leicht zudecken. So zwanglos, plapperhaft und beiläufig-banal kommen da einzelne Zitate im Verlaufe der rekapitulierten Ereignisse daher, dass sie beinahe die vier entscheidenden, substantiellen *Werther*-Zitate schlucken, an denen „ein Grundzustand“[42], wie Wapnewski sagt, ein grundlegendes Prinzip abzulesen ist. Diese wichtigen *Werther*-Zitate lauten bei Edgar wie folgt:

- „das alles / wilhelm / macht mich stumm – ich kehre in mich selbst zurück und finde eine Welt – ende“ (S. 19)
- „und daran seid ihr alle schuld / die ihr mich in das joch geschwatzt und mir so viel von aktivität vorgesungen habt – aktivität“ (S. 19)
- „Man kann zum Vorteile der Regeln viel sagen (...)“ (S. 75 f.)
- „Es ist ein einförmiges Ding um das Menschengeschlecht.“ (S. 56; 100)

---

40) Wapnewski, in: Brenner (Hg.), S. 331.
41) Ebd.
42) Ebd.

Dieses letzte Zitat wird gleich zweimal in auffällig bedeutsamen Situationen verwendet. Beim ersten Mal richtet Edgar es gegen Charlie, als sie ihn nach seinem Auskommen und Beruf fragt. Das andere Mal setzt Edgar es gegen Addi, die Brigade und die aufmarschierenden Experten ein, die Zeugen der kollektiven Pleite mit dem Farbspritzgerät werden. In beiden Fällen verhindert das Zitat Annäherung, dokumentiert es absichtsvolle und ironische Distanz. Es wird daher im Zusammenwirken mit den weiteren Kernzitaten als Ausdruck der Isolation und Entfremdung gewertet, als deren Folge nur noch Edgars Rückzug in sich selbst möglich erscheint.[43)]

Die Frage, ob Edgar mehr vor den ihn bedrängenden Momenten seiner Fremdbestimmung oder mehr vor sich selbst flieht (wobei die äußeren Umstände nur Anstöße wären), kann nicht schlüssig aus dem Text beantwortet werden. Peter Wapnewski zeigt jedoch keine Skrupel in der Beantwortung dieser Frage. Für ihn ist Edgars Weg nach innen eindeutig eine aus den gesellschaftlichen Defiziten resultierende Notwendigkeit, beinahe eine soziale Determination unter den gegebenen Verhältnissen: „Nimmt man diese vier Zitate als das, was sie sind; bedenkt man überdies, dass sie relativ isoliert stehen (...): so wird man mit aller Deutlichkeit feststellen, dass hier neue Leiden den alten spürbar entsprechen und dass sie wieder die Leiden des Einzelnen an seiner Umwelt, an seiner Gesellschaft, an seiner Zeit sind. Deren Regeln und Gesetze, deren entfremdende Ordnungen und Arbeitsweisen, deren ‚Aktivität' fordernde Leistungsethik zwingen den seiner Natur und ihrer sensiblen Mitgift Verpflichteten zum Weg nach innen. Dort – so meint er – findet er die eigentliche Welt".[44)]

Dass eine „Entfremdung" stattgefunden hat, ist eine schlicht zu bestätigende Übereinstimmung aller maßgeblichen Interpretationen, die sich mit Edgars Rolle in der Umwelt auseinandersetzen. Es mag dabei unerheblich sein, wie sich dieser Entfremdungsprozess angebahnt hat. Der Roman beleuchtet in der Rückschau des Helden lediglich Ausschnitthaftes, und der Leser kann sich konkret nur an diesen Details orientieren.

---

43) Vgl. Raddatz, in: Brenner (Hg.), S. 306.
44) Wapnewski, in: Brenner (Hg.), S. 334.

Fritz J. Raddatz bezieht den Aspekt der Entfremdung auf den Autor selbst. Natürlich sind die Jeans-Huldigungen Edgars („Für Jeans könnte ich überhaupt auf alles verzichten“, S. 26) und seine pro-westlichen (amerikanischen) Affektionen eine ungeschminkte, geradezu unverfrorene Herausforderung Plenzdorfs an das politische System der DDR, das ja auch ganz deutlich reagiert hat.[45] Die darunter befindliche Schicht aber erscheint Raddatz, der die eigenen Überlegungen bei dem DDR-Literaturhistoriker Robert Weimann bestätigt sieht[46], noch bedeutsamer, um die Betroffenheit zu verdeutlichen, die der Roman in der DDR auslöste: In Plenzdorfs Gegenentwurf ist wie im *Werther* selbst die „ausgezogene Linie der Weg vom Reden zum Nicht-sprechen-Können, vom Gespräch zum Monolog und schließlich zum Schweigen. Der von Plenzdorf an zentraler Stelle eingesetzte *Werther*-Satz ‚*ich kehre in mich selbst zurück und finde eine Welt*' zeigt, wohin das Buch führt: die Flucht nach innen. (...) Das innere Zentrum der Erzählung ist diese Nachdenklichkeit, besser: Bedenklichkeit.“[47]

Wer sich den Romanaufbau und die Handlung noch einmal vergegenwärtigt, wird einer solchen Sichtweise auch zustimmen können. Edgars „Flucht nach innen“ verweist den Leser auf die Herausforderung Plenzdorfs, eine selbstständige Deutung zu suchen. Dabei sind die Widersprüche in der Gestalt Edgars, die sich keineswegs in der Analyse der von ihm verwendeten *Werther*-Zitate aufheben, und Edgars Schicksal zweifelsohne in engster Berührung mit seinem Unbehagen gegenüber der Umwelt zu sehen.

45) Zu erinnern ist an die schroffen Angriffe von Prof. Dr. Friedrich Karl Kaul. Vgl. Diskussion um Plenzdorf, in: Brenner (Hg.), S. 151-154.
46) Raddatz, in: Brenner (Hg.), S. 307.
47) Ebd., S. 306 f.

5.3 Edgars Tod

Unfalltod, Parodie oder „gesellschaftlicher Mord"?

Die Frage der Zwangsläufigkeit von Edgars Tod, wird in der Forschungsliteratur kontrovers diskutiert. Dabei steht auch der Zusammenhang zwischen dem Geschehen und dem gesellschaftlichen Umfeld der DDR immer wieder im Mittelpunkt der Debatte. „Den einen erscheint er [Edgars Tod] als notwendige Folge von Edgars Scheitern an der Gesellschaft, Raddatz bezeichnete ihn gar als ‚gesellschaftlichen Mord'."[48] Das plötzliche Ende der Hauptfigur (richtig) zu verstehen und (textgerecht) zu deuten, ist also keine leichte Aufgabe. Auch wir sind nicht so vermessen anzunehmen, mit einer Interpretation aufwarten zu können, die jede Diskussion über Edgars Tod zukünftig beendet.

Ursprünglich hatte Plenzdorf dabei etwas anderes schreiben wollen, etwas Witziges über Goethes *Werther* in der DDR. Dieser Stoff entglitt ihm jedoch zusehends, und es entwickelte sich Edgar Wibeau mehr und mehr mit einem ganz eigenständigen Schicksal. Es wurde etwas Ernsteres daraus: Das Leben und Sterben eines Menschen in der DDR, und hier schon wird der Leser betroffen gemacht. Denn Edgar stirbt sehr jung und auf eine nicht alltägliche Weise („380 Volt sind kein Scherz, Leute.", S. 16), ohne seine Hoffnungen und Wünsche jemals eingelöst zu sehen.

Ein solcher Tod stört auf. Warum gerade der, und warum gerade so?

Edgars Anspruch, sich selbst zu entfalten, wurde von uns positiv eingestuft. Es ist verdeutlicht worden, dass dieser Anspruch ganz seinem vorwärtsdrängenden Temperament und seinen überdurchschnittlichen Befähigungen gemäß ist. Edgar stand kurz vor dem Abschluss seiner zielstrebigen Bemühungen, durch einen sensationellen Erfolg wieder von der Gesellschaft angenommen zu werden und sich mit ihr auszusöhnen, als ihn der tödliche Stromschlag traf. Es erscheint daher abwegig, an einen Selbstmord zu denken.

---

48) Zit. n. Brenner, in: Brenner (Hg.), S. 42.

Für Heidrun Kaschuge ist Edgars Tod ein „Unfalltod“ in einer Situation, als sein Versuch, zu beweisen, „dass Leistung ohne Arbeitszwang möglich ist, (...) an dem Widerspruch zu den gesellschaftlichen Normen der DDR“[49] scheitert. Solchen Deutungen hielt bereits 1973 der DDR-Literaturwissenschaftler Wilhelm Girnus entgegen, das sei „die typische Interpretationslinie der Konterrevolution“.[50] Den tragischen Helden Wibeau gebe es nicht; er stehe vielmehr lediglich Modell in einem von Plenzdorf blitzgescheit arrangierten menschlichen Beziehungsgefüge, in dem „Situation und Diktion, Parodie und Argot eindeutig Determinanten eines ironischen Assoziationsfeldes (sind), dem jedes einzelne Moment dieses Monologs untersteht.“[51] Auch Edgars Tod.

Girnus‘ Beweisführung, Edgars Tod als eine „Parodie“ zu lesen, erscheint – Argument für Argument – bestechend. Freilich verrät sie nicht erst zum Schluss, dass der solcherart vehement Referierende sich in einer systemkonformen Selbsterbauung ergeht, in der die wichtigste Frage auch für ihn offen bleibt: Hat Plenzdorf das wirklich so gemeint? Girnus: „Ich weiß nicht, ob Plenzdorf dafür plädieren möchte, der Jugend Verständnis entgegenzubringen, die sich in einer psychischen Querlage dieser Art verfangen hat. Ich jedenfalls möchte dafür plädieren.“[52]

Wir auch – aber wie viel Verständnis kann die Jugend einer Gesellschaft (einerlei welcher!) entgegenbringen, die offenkundig ganz elementare Bedürfnisse nicht zur Kenntnis nehmen will?

Konterrevolutionäre Deutung hin, konterrevolutionäre Deutung her. Wir geben in diesem und in einem weiteren Punkte Heidrun Kaschuge Recht, wenn sie nämlich Edgars Tod mit einem „Scheitern an seiner persönlichen Vorbildlichkeit“[53] gleichsetzt. In der Konsequenz bestätigt Edgar ja nicht nur das System, das zu einem beträchtlichen Anteil seinen Tod verschuldet. Weil er in den Augen der Gesellschaft einen exklusiven Maßstab für sich beansprucht – er selbst hält ihn für normal –, muss er jede Korrektur

49) Kaschuge, S. 85.
50) Girnus, in: Brenner (Hg.), S. 192.
51) Ebd., S. 193.
52) Ebd., S. 195.
53) Kaschuge, S. 76

seines Verhaltens durch Außenstehende ablehnen, d. h. er, Edgar Wibeau, macht sich zum Maß aller Dinge – auch seines Todes. Also stirbt er einen selbstverschuldeten Tod, weil er sich überschätzte und überforderte, dem System überlegen sein wollte, um dessen Erwartungen im Übermaß zu erfüllen, ohne eigentlich dafür die Voraussetzungen zu haben?

Das mag plausibel erscheinen.

Interessant ist, dass Michael Schneider, selbst DDR-Autor, in diesem Zusammenhang von einer möglichen Selbstbestrafung Edgars für seinen „luxurierenden und privatistischen Rückzug aus der sozialistischen Arbeitsgemeinschaft"[54] spricht. Eine solche Auslegung würde allerdings Plenzdorf in den Verdacht bringen, einer „Reprivatisierungs-ideologie"[55] das Wort zu reden. Das mag Schneider seinem Schriftsteller-Kollegen aber nicht unterstellen. Dem widerspräche auch der Text. Für Edgar hätte es gewiss bessere Möglichkeiten der Selbstbezichtigung und Korrektur seiner ‚Schuld' gegeben, ohne sein Gesicht zu verlieren.

Edgars Tod hat vielmehr in einer ganz anderen Dimension etwas Sinnfälliges. Hierfür muss das in der Fiktion Vermittelte als Ausschnitt der Realität betrachtet und nach weiteren stichhaltigen Erklärungsmustern Ausschau gehalten werden:

Man kann sagen, dieser Tod passt zu Edgar Wibeau – kein anderer und nur zu ihm. Edgars Leben musste am Punkte einer Wende zerstört werden, nach der Edgar Wibeau nicht mehr Edgar Wibeau geblieben wäre. Ulrich Plenzdorf könnte seiner Hauptfigur diese Bestimmung durchaus gegeben haben, um Edgar vom nivellierten Standard, gegen den er sich aufgelehnt hat, glaubwürdig abzuheben und nicht einfach wie alle anderen werden zu lassen. Zulässig als eine weitere Perspektive erscheint eine solche Überlegung allemal. Was hätte ein Erfolg Edgar denn gebracht? Mit Sicherheit (neben Missgunst und Neid) hohe nationale Auszeichnungen. Er wäre der große ‚Macher' gewesen, der ‚Zampano' der Stunde. Und dann?

---

54) Schneider, in: Brenner (Hg.), S. 292.
55) Ebd.

Sein Erfolg hätte genau das Gegenteil von dem bewirkt, was er eigentlich gewollt hat. Er hätte ihn angepasst, denn nach Erfolgen dieser Größe (immer vorausgesetzt, Edgar hätte ihn erreicht) kann nicht mehr viel kommen. Dann ist man drin und im Konzert der Verpflichtungen. Edgars Weg musste in dem Augenblick abgebrochen werden, als er zu einem Irrweg wurde.

Auch Edgar hatte schon weitergedacht an das „Danach“:

> „Dann hätte ich die Sache mit Charlie in Ordnung gebracht und wäre dann abgedampft.“(S. 142).

Offenkundig unterliegt Edgar, sehr konsequent übrigens, weiterhin seinem Wunschdenken. Er hat wohl doch noch nicht alles eingesehen, denn er stellt sich gar nicht ernsthaft die Frage, wie es realistisch weitergehen könnte, sondern träumt von einer vermeintlichen Selbstverwirklichung in einer nur angenommenen Freiheit, die man nicht erreicht, wenn man fortläuft und sich den konkreten Widerständen nicht stellt. Also doch Folgerichtigkeit und Zwangsläufigkeit seines Todes?

Sieht der Leser in Plenzdorfs Roman primär ein ‚didaktisches Konstrukt‘, wäre die *Notwendigkeit* von Edgars Tod nicht zu leugnen. Aus Edgars Persönlichkeit und dem Verlauf seiner ‚Emanzipationskurve‘ aber ergibt sich kein so zwingender Zusammenklang, wie in Wolfgang Werth postuliert.[56] Führt man noch weitere Textstellen an, in denen Edgar die Vorgänge um seinen Tod reflektiert, ist zu erkennen, dass er wohl fahrlässig und im vollen Bewusstsein des Risikos gehandelt hat (S. 142), aber den tödlichen Unfall nicht herbeiführte, um sich selbst auszulöschen:

> „Ich meine, ich hätte nie im Leben freiwillig den Löffel abgegeben.“ (S. 147)

Der Text teilt lediglich mit, dass Edgar, dessen Mutter inzwischen auf dem Weg nach Berlin ist, alle Vorkehrungen für den Eventualfall trifft, sich im übrigen beeilt, seine Arbeit abzuschließen, möglicherweise um mit einem beeindruckenden Ergebnis vor ihr (be-)stehen zu können.

Eine weitere mögliche Lesart des Textes und besonders von Edgars Tod wäre die psychoanalytische Version einer Art (Angst-)

---

56) Werth, in: Brenner (Hg.).

Vision Plenzdorfs. Könnte er nicht womöglich mittels der *Neuen Leiden* seine Beunruhigung über die Situation in einem Land, das Kultur schätzt, hervorragende Künstler und Wissenschaftler, fähige Staatsmänner und mündige Bürger besitzt, aber nicht die atemspendende Freiheit gewährt, artikulieren haben? Und vor allem seine Beunruhigung darüber, dass er selbst es in diesem System eventuell nicht schaffen könnte, ruhig, besonnen und unnachgiebig genug seinen Weg (des geistigen Widerstandes und der Freiheit) zu gehen?

Wer bestehen will, muss aus einem anderen Holz geschnitzt sein als Edgar Wibeau, bei aller Wertschätzung seiner Tugenden und Fähigkeiten. Ulrich Plenzdorf, DDR-Schriftsteller und leidenschaftlicher Berliner, hat über seinen Edgar den eigenen Weg gefunden. Vielleicht wird sein „Verliebtsein" in seine Hauptfigur des Romans *Die neuen Leiden des jungen W.* unter einem solchen Aspekt sogar zu einem Stück höherer Wahrheit. Ist Edgars Tod also sozusagen Plenzdorfs ‚Katharsis'?

5.4 Edgar und sein Autor

Ulrich Plenzdorf ist sich als Mensch und Autor treu geblieben. Das bekundete der Schriftsteller immer wieder stets besonders eindrucksvoll in seinen engagierten öffentlichen Lesungen: „Mich packt's immer, wenn ich das vorlese, ich habe einen ganz nassen Rücken"[57], bekannte Plenzdorf gegenüber dem *Kölner Stadtanzeiger* nach einer Lesung seines Buches *kein runter kein fern*, das bereits im Jahre 1973, also in unmittelbarer zeitlicher Nähe zu den *Neuen Leiden*, entstanden war (erschienen erst 1984).

Wer als Leser den „Werther-Wibeau" verinnerlicht hat, der wird auch von den in dem (neuen) schmalen Buch verwendeten sprachlich-künstlerischen Mitteln (innerer Monolog, Collage, experimentelle Sprache, Elemente subkultureller Sprache), die Plenzdorf womöglich noch radikaler, noch kompromissloser eingebracht hat, nicht mehr zu überraschen sein. Wohl aber geht

57) Plenzdorf im Kölner Stadtanzeiger vom 12. September 1985.

Plenzdorfs Hauptfigur in *kein runter kein fern*, der lallende und stammelnde Hilfsschüler, der nicht auf die Straße „runter“ und „kein fern“ sehen darf, umso tiefer unter die Haut. Schauplatz ist wieder Berlin, jenes von Plenzdorf so geliebte und motivträchtige Pflaster, dieser ‚melting pot‘ von Kultur und Subkultur aller Arten und Ausprägungen, wo man „in nuce die Probleme vor der Haustür“[58)] hat.

Der Text verfehlt seine Wirkung beim Leser (bzw. Zuhörer) nicht. Das mag ein kurzer Ausschnitt als Geschriebenes dokumentieren, der als Vorgetragenes noch eindringlicher ist:

> „kirschners kleener karle konnte keene kirschen kaun MAMA die wolln uns und in die machn ernst die drängln uns in die kirche ich kenn die die hat kein dach mehr die haun uns die haun uns in die kirche die haun auf die köpfe aufhörn die dürfn nicht MAMAMICK – Hautse, hautse immer auf die Schnauze! Ruhe! Haltet die Fressen.“[59)]

Nach 1973 entstanden u. a. die bekannte Filmerzählung *Die Legende von Paul und Paula* (1974) und *Karla. Der alte Mann, das alte Pferd, die Straße. Texte zu Filmen* (1980). Seit Plenzdorf Bühnenarbeiter und später Filmautor wurde, hat ihn das Interesse am Medium Film nicht mehr losgelassen, auch wenn sein persönliches Verhältnis zur Filmbranche nach ungünstigen Erfahrungen empfindlich gestört war.

Selbstbeschreibung: „rot bis auf die Knochen“

Plenzdorf ist ein arrivierter, vielfach ausgezeichneter Literat[60)], dessen enge West-Kontakte auch von den Offiziellen der damaligen DDR akzeptiert wurden. Der 1934 geborene Autor, der sich stets als von „Biografie und Tradition her rot bis in die Knochen“[61)] bezeichnet hat, hatte es dennoch nicht

58) Ebd.
59) Plenzdorf, kein runter kein fern, S. 47.
60) Die wichtigsten Preise, die Plenzdorf zugesprochen wurden, waren der Heinrich-Mann-Preis (DDR 1973) und der Ingeborg-Bachmann-Preis (Österreich 1978).
61) Zit. n. Brenner, in: Brenner (Hg.), S. 40.

ganz leicht in seinem Land. Auf die Frage, warum er ihm noch nicht den Rücken gekehrt habe, antwortete Plenzdorf 1985: „Einer muss ja noch dableiben."[62]

Eine nachdenklich stimmende Antwort, die ein „Warum eigentlich" ganz selbstverständlich als Frage einschließt. Betrachtet man Plenzdorfs Bücher als Antworten, dann gibt es eigentlich keinen Zweifel an dem „Warum": Plenzdorf trat für die durch das System Benachteiligten ein, für die Verbesserung ihrer Lebensbedingungen im Alltag, für die individuellen Entfaltungsmöglichkeiten (seine eigenen eingeschlossen!) jedes einzelnen Menschen. Kämpfen wollte er, nicht davonlaufen. An einem persönlichen, sehr eindrucksvollen Beispiel (seines Kampfes und Erfolges) veranschaulichte Plenzdorf, warum er beharrlich blieb: „Wenn man wie ich letztens drei Jahre braucht, um das Stück *Die Legende vom Glück ohne Ende,* nachdem es in der Hauptstadt in den Proben abgesetzt worden ist, auf die Bühne zu bringen, und noch dazu in der Provinz, da lohnt es sich schon beinahe, drei Jahre Arbeit zu haben."[63]

Blenden wir in diesem Kontext noch einmal zurück zu „Werther-Wibeau" und in jene Zeit, als es um den Autor und seinen aufsehenerregenden Helden so viele Diskussionen gab, als ideologisch-motivierter Verriss und das Bemühen um kritisch-objektive Würdigung des Autoren-Standortes und des Romans die Feuilletons der Zeitungen in Ost und West beherrschten. Da erschien u.a. in der *Basler National-Zeitung* vom 7. März 1975 ein erhellender Artikel von Peter Zeindler über seine Begegnung mit dem DDR-Dramatiker Ulrich Plenzdorf.[64]

autobiografische Züge der Neuen Leiden

Dieses Gespräch Zeindlers mit dem damals immerhin schon 41-jährigen Schriftsteller erscheint in ganz bemerkenswerter Weise „authentisch": Hier fragte jemand nach der Identität des Autors und bekam verblüffend einfache und eindeutige Antworten. Der Autor und sein Romanheld wurde nahezu zur Deckung gebracht. Mehr als in anderen Interviews und

62) Plenzdorf im Kölner Stadtanzeiger vom 27./28. September 1985.
63) Plenzdorf im Kölner Stadtanzeiger vom 12. September 1985. Das Stück erschien 1979 bei Suhrkamp.
64) Zeindler, in: Brenner (Hg.), S. 313-318.

scharfsinnigen Deutungen der Romanfigur und der Autorenintentionen wird in diesem Gespräch (und in der zurückhaltenden Kommentierung des Fragestellers selbst) ein wesentliches Stück Roman-Interpretation geleistet, in der das Moment des Autobiografischen in Plenzdorfs *Die neuen Leiden des jungen W.* beleuchtet wird – ein Aspekt, der bislang in unseren Reflexionen ausgeblendet blieb. Zwar hatte der Autor bereits früher wiederholt, sei es verdeckt oder unmissverständlich offen, auf die autobiografischen Züge seines Romans hingewiesen, aber die *allgemeine* gesellschaftliche, kulturelle und politische Situation der DDR wurde als Einbettungs- und Deutungsfolie des Romans stets mehr beachtet.

In einer frühen Diskussion um den Roman machte Plenzdorf 1973 die nicht unwichtige Aussage zum Entstehungshintergrund: „Ansonsten kann ich zur Geschichte der Geschichte nur soviel sagen, dass außer dem Werther und einem Zeitungsartikel, vielmehr: einem Satz daraus (des Sinnes, dass eine Brigade mit einem ihrer jungen Mitglieder nicht zurechtkam), die Hauptrolle äußerer Druck gespielt hat, will sagen, mehrere Jahre, in denen ich nie ganz das machen konnte, was ich wollte, und ebenso wiederholte Zurückweisungen des Stoffes."[65] Setzen wir dazu eine der fundamentalen Bekenntnisse Plenzdorfs gegenüber Zeindler in Beziehung, schließt sich der Kreis Autor-Romanheld-Autorenintention: „Sicher ist es so, dass Literatur mehr oder weniger gesellschaftsverändernd wirken kann. Ich selbst tendiere allerdings immer mehr dazu, obwohl ich das gesellschaftsverändernde Element in Rechnung stelle (...) liegt mir eigentlich immer daran zu sagen, dass Literatur ja auch (...) für den gemacht wird, der sie schreibt. Ich spreche ja auch aus eigener Erfahrung, denn speziell *Die neuen Leiden des jungen W.* sind in einer Situation geschrieben worden, in der der Text für mich ganz wichtig war, wo er mir erlaubte, meine Identität wiederzufinden, von der ich glaubte, dass ich im Begriffe war, sie zu verlieren."[66]

Bringen wir in einem vorläufig abschließenden Zitat von Karl-Heinz Jakobs noch einmal den Romanhelden mit seinem geistigen Vater, Ulrich Plenzdorf, zur Deckung: „Ein stolzer Mensch,

65) Diskussion, in: Brenner (Hg.), S. 178.
66) Zeindler, in: Brenner (Hg.), S. 313 f.

der stolz ist auf seinen Stolz, wurde uns vorgeführt, (...) der (...) sich nicht anpasst, einer, der provokatorisch nordamerikanische Beinkleidung bedichtet, einer, (...) der doch ein zarter Charakter ist und zutiefst verletzlich."[67]

67) Jakobs, in: Brenner (Hg.), S. 235.

6. Meilensteine – Autoren und Werke in der DDR (vor und neben Plenzdorf)

6.1. Phasen der DDR-Literaturgeschichte

Die Geschichte der DDR-Literatur bildet eindringlich das Spannungsverhältnis der Schriftsteller zwischen Ideologie und künstlerischer Selbstverwirklichung ab. In den 40 Jahren DDR-Literatur lassen sich mehrere Phasen mit harmonischen Annäherungen von Kunst und Politik, mehr aber noch starke Divergenzen beobachten. Alle Phasen verdeutlichen jedoch, dass es in der DDR weder eine ideologisch verputzte Einheitsliteratur noch einen kollektiven Widerstand gab. Sowohl die Phasen des Gleichklangs von politischer Instrumentierung und Literatur als auch jene ihres Missklangs waren von bedeutenden individuellen schöpferischen Kräften bestimmt. Die DDR-Literatur mit ihrer differenzierten Vielfalt und Qualität ist alles andere als eine Winkelliteratur. Der folgende skizzenhafte Abriss (in Verbindung mit den Literaturhinweisen am Ende dieses Bandes) soll Anregung für den Leser sein, sich auf die eigene Suche im weiten und abwechslungsreichen Feld der DDR-Literatur zu machen und sich ein unabhängiges Urteil zu bilden. Von 1949 bis zur Wende 1989/90 sind zahlreiche größere Entwicklungsabschnitte zu erkennen. Teilweise greifen sie ineinander über; immer bedingen sie einander.[68)]

- **Die Phase der Aufbau-Literatur**

Es war die Suche nach einer zeit- und gesellschaftsadäquaten Standortbestimmung, in der es jedoch zwischen der Masse der einfachen Menschen und der relativ kleinen Zahl publizierender Schriftsteller keine (künstlerische) Kommunikation gab. Zentrale Literaturtheorie war – bis über die späteren Bitterfelder Konferenzen hinaus – der „sozialistische Realismus".

---

68) Zu den kulturpolitischen und literarhistorischen Zusammenhängen vgl. auch Brenner (Hg.), S.11-68, Emmerich sowie die Ausführungen in Kapitel 2.

Bertolt Brechts Revolutionierung der Literatur und des Theaters

Veränderungen von Sprache und Literatur von ‚unten' – so könnte der Bertolt Brecht, der 1948 aus der Emigration nach Berlin zurückkam, auf eine anschauliche Formel gebracht werden, die freilich das Phänomen Brecht nur sehr plakativ erfasst. Von entscheidender Bedeutung für die Weiterentwicklung der DDR-Literatur war dabei Brechts Abkehr vom Literaturkonzept „Wahren des klassischen Erbes".

Die Phase der Arbeiter-Literatur

Beinahe zwangsläufig war nach 1959 die Zeit reif geworden für den bis dahin einmaligen Ansatz zum Aufbau einer eigenständigen Arbeiter-Literatur (Erste Bitterfelder Konferenz). Dies war der Aufbruch von ‚unten', bei dem sich jeder mit Talent und Neigung an der (künstlerischen) Gestaltung einer nationalen Kultur beteiligen konnte und sollte. Von zwei Seiten sollte die „sozialistische Kulturrevolution" erfolgen: Zum einen sollten die Schriftsteller in die Betriebe gehen und die Arbeitsbedingungen vor Ort kennen lernen. Und zum anderen sollten die Arbeiter selbst schreiben, nach dem Motto: „Greif zur Feder, Kumpel!". Obwohl nach der Zweiten Bitterfelder Konferenz (1964) abgebrochen, gab der Versuch weitreichende Anstöße für die DDR-Schriftsteller – wenn auch mitunter die Darstellungen der Verhältnisse realistischer wurden als die Parteiführung es wünschte.[69)]

Liberalisierung: „Ankunftsliteratur"

Sozialismus nicht mehr als Verordnung, sondern als Erfahrungsraum und in freier Entscheidung vom Einzelnen angenommen – dies kennzeichnete eine neue Phase der DDR-Literatur (beginnend ca. 1961). Die Erzählung *Ankunft im Alltag* von Brigitte Rei-

69) Ein Beispiel hierfür wäre Werner Bräunig, der in seinem Roman *Rummelplatz* ohne Beschönigung die Arbeits- und Alltagswirklichkeit „zwischen Sexualität und Suff" in einem Uranbergbaugebiet in der DDR schilderte – die Folge waren Disziplinierung und Verbot (der Roman blieb Fragment). Beim 11. Plenum des ZK der SED im Dezember 1965 wurden zahlreiche Autoren, unter ihnen Bräunig, wegen „modernistischer", ‚nihilistischer" und „pornographischer" Strömungen angegriffen. Vgl. Emmerich, S. 181 f. und 196. Zum 11. Plenum vgl. Agde.

mann (1933-1973), die von der alltäglichen Bewährung in der gesellschaftlichen Arbeit, vom „Realistischwerden gegenüber den eigenen idealistischen Erwartungen“ und der „pragmatische(n) Einrichtung im ‚realen‘ Sozialismus“ [70] handelt, gab der „Ankunftsliteratur“ ihren Namen.

• Scharfe Kurskorrekturen

Kulturfunktionäre und Walter Ulbricht setzen sehr bald dieser Entwicklung ein Ende. Von den Schriftstellern wurde vor allem nach dem Mauerbau (1961) wieder das Einschwenken auf den Parteikurs gefordert. Scharfe Kritik an oppositionellen Schriftstellern erfolgte; nicht wenige Autoren verließen in dieser Zeit die DDR, unter ihnen Walter Kempowski, Uwe Johnson, Heinar Kipphardt. Auch der bekannte Literaturwissenschaftler Hans Mayer ging 1963 in den Westen.[71] Dennoch gestaltete sich auf dem zuvor gewonnenen Boden das literarische Leben vielseitiger, die kritische Auseinandersetzung mit dem Staat differenzierter und offener.

• Zehn Jahre später: Linientreue – oberstes Gebot

Verlangte die Parteiführung in den 1960er Jahren von den Schriftstellern mehr Identifikation mit den politischen Zielen und Leitlinien des Staates, so erlebte die DDR Anfang der 1970er Jahre vorübergehend eine erneute Befreiung aus dem ideologischen Korsett. Erich Honecker löste Walter Ulbricht als Erster Sekretär des ZK der SED ab und äußerte bei einer Rede vor dem 4. ZK-Plenum vom Dezember 1971 ein Signalwort, das in der Folge „unaufhörlich wiederholt, beschworen und interpretiert wurde.“[72] Es kam zu einer gewagt-freimütigen Auseinandersetzung der

---

70) Emmerich, S. 145. Brigitte Reimann war eine sehr produktive, in Westdeutschland leider nicht sehr bekannte DDR-Schriftstellerin.

71) Zu Hans Mayers (1907-2001) populärsten Veröffentlichungen zählen seine Arbeiten über Bertolt Brecht und seine 1959 in Berlin (Ost) erschienene Darstellung *Georg Büchner und seine Zeit.* 1991 erschienen seine Erinnerungen an die DDR unter dem Titel *Der Turm von Babel.*

72) Emmerich, S. 247. Honecker sagte damals: „Wenn man von der festen Position des Sozialismus ausgeht, kann es meines Erachtens auf dem Gebiet von Kunst und Literatur keine Tabus geben. Das betrifft sowohl die Fragen der inhaltlichen Gestaltung als auch des Stils (...)“. Zit. n. ebd.

Schriftsteller mit den Errungenschaften des Staates und der Gesellschaft. Ulrich Plenzdorfs Roman *Die Leiden des jungen W.* war das überragende Beispiel mutiger Kritik, das vom Publikum im Osten und im Westen gleichermaßen verstanden wurde. Obwohl es an Drohungen, Verrissen und Aufforderungen, wieder sozialistische Haltung anzunehmen nicht fehlte, kam Plenzdorf relativ ungeschoren davon. Anders erging es Wolf Biermann, der 1976 in Abwesenheit (er hielt sich zu einer genehmigten Tournee in der Bundesrepublik auf) aus der DDR ausgebürgert wurde.[73)] Es hagelte Proteste engagierter und bekannter Schriftsteller, u. a. von Jurek Becker, Stephan Hermlin, Stefan Heym, Günter Kunert, Christa Wolf. Zahlreiche Autoren und Künstler folgten nach 1976 Wolf Biermann freiwillig in den Westen.

• Auf der Suche nach der ‚Wahrheit'

Relativ spät im Vergleich zur westdeutschen Literatur nach 1945 kam es in der DDR zur Aufarbeitung der eigenen geschichtlichen Vergangenheit durch einzelne Autoren (etwa ab 1976). Christa Wolf beispielsweise nimmt sich in ihrem Roman *Kindheitsmuster* nicht, wie vorher üblich, der Heroen des NS-Widerstandes an, auch nicht brutaler Nazi-Verbrecher, sondern dem „Normalbürger" und durchschnittlichen Mitläufer. Gänzlich neue Formen des Schreibens wurden erprobt und wirksam. [74)]

• Phase der sozialen und psychologischen Emanzipation in der Literatur bzw. durch die Literatur

Auf dem Wege zur wirklichen Befreiung und Freiheit des Schreibens wurden in den Romanen und Erzählungen der 1980er Jahre bis dahin lange tabuisierte individuelle und gesellschaftliche Themen und Probleme aufgegriffen. Nicht nur das Drama nutzte verstärkt den Rückgriff auf historisch-antike Stoffe und Figuren,

---

73) Wolf Biermann (*1936) war 1963 aus der Partei ausgeschlossen worden und durfte ab 1965 in der DDR nicht mehr in öffentlichen Konzerten auftreten.

74) Sprache wirklich zu erproben, experimentell mit ihr umzugehen und zu neuen Ausdrucksformen zu gelangen, war in der DDR erst ab 1970 möglich, aber keineswegs selbstverständlich. Auch in dieser Hinsicht war Plenzdorfs Roman *Die neuen Leiden des jungen W.* ein mutiger und wichtiger Schritt nach vorn.

auf Mythen, um DDR-Kritik, aber auch darüber hinausweisende zivilisationskritische Inhalte zu gestalten.

- **Nach der Wende: Der deutsch-deutsche Literaturstreit**

Im Sommer 1990 kam es zum so genannten „deutsch-deutschen Literaturstreit". Auslöser war die Veröffentlichung von Christa Wolfs erstem Buch nach der Wende *Was bleibt*. Der Autorin wurde vorgeworfen, dass ihre darin kritische Auseinandersetzung mit der Staatssicherheit der DDR zu spät erfolge bzw. sie sich im Nachhinein als Opfer darstellen wolle. Im Verlauf des Streits änderten sich die Argumentationslinien und es geriet zunehmend die DDR-Literatur (als ästhetisch vernachlässigbar) bzw. insgesamt die politisch-engagierte Nachkriegsliteratur (als „Gesinnungsästhetik") in den Mittelpunkt der Kontroverse. [75]

6.2 Wichtige Werke der DDR-Literatur

Der Übersicht über die Entwicklungsabschnitte folgen nun einige Titel, an denen der Leser die Entwicklung der DDR-Literatur in den skizzierten Zeitabschnitten authentisch nachlesen kann. Die Auswahl, das sei eingeräumt, ist sehr subjektiv. Sie besagt nicht, dass andere, nicht erwähnte Titel bzw. Autoren weniger lesenswert wären.

- Eduard Claudius, *Früchte der harten Zeit* (1953)
- Erwin Strittmatter, *Katzgraben* (1953)
- Anna Seghers, *Die Entscheidung* (1959)
- Uwe Johnson, *Mutmaßungen über Jakob* (1959)
- Dieter Noll, *Die Abenteuer des Werner Holt* (1960)
- Peter Hacks, *Die Sorgen und die Macht* (1960)
- Helmut Baierl, *Frau Flinz* (1961)
- Brigitte Reimann, *Ankunft im Alltag* (1961)

---

75) Eine ausführliche Dokumentation des Literaturstreits bietet Anz.

- Franz Fühmann, *Das Judenauto* (1962)
- Alexander Kluge, *Lebensläufe* (1962)
- Christa Wolf, *Der geteilte Himmel* (1963)
- Erwin Strittmatter, *Ole Bienkopp* (1963)
- Erik Neutsch, *Spur der Steine* (1964)
- Hermann Kant, *Die Aula* (1965)
- Günter de Bruyn, *Buridans Esel* (1968)
- Christa Wolf, *Nachdenken über Christa T.* (1968)
- Wolf Biermann, *Mit Marx- und Engelszungen* (1968)
- Brigitte Reimann, *Franziska Linkerhand* (1974)
- Christa Wolf, *Kindheitsmuster* (1976)
- Jurek Becker, *Schlaflose Tage* (1978)
- Erich Loest, *Es geht seinen Gang oder Mühen in unserer Ebene* (1978)
- Stefan Heym, *Collin* (1979)
- Monika Maron, *Flugasche* (1981)
- Christa Wolf, *Kassandra* (1983)
- Volker Braun: *Hinze-Kunze-Roman* (1985)
- Christoph Hein, *Der Tangospieler* (1989)
- Christa Wolf, *Was bleibt* (1990)

7. Stichwörter zum Memorieren

Ohne ausführlicher auf Goethes Text einzugehen, geben wir dem Lernenden nunmehr einzelne Stichwörter zum vergleichenden Nacharbeiten beider Romane.[76] Dem Unterrichtenden können sie als Materialgerüst für die eigene Unterrichtsplanung dienen. Zudem findet sich im Folgenden eine kurze Übersicht zu den zentralen Briefen in Goethes *Werther.*

Goethes *Werther*	**Plenzdorfs *Neue Leiden***
chronologisch erzählter Briefroman; erzählte Zeit ca. 18 Monate; Zeitraffungen; linearer Geschehensablauf	*erzählt werden die letzten Lebensmonate des E.W. in komplizierter Montagetechnik; mehrere Erzählebenen; Überblendungstechnik; retrospektive Anlage*
hoher Realitätsbezug; autobiografische Elemente	*authentischer Erfahrungshintergrund: eingeschränkt autobiografisch*
drei Hauptfiguren; Konzentration auf den Briefschreiber Werther; Ergänzungen durch einen Herausgeberkommentar	*drei Hauptfiguren; Konturierung aller Situationen / Handlungen / Figuren aus wechselnden Perspektiven; herausragend wichtig: Edgars „Jenseitskommentare“*
Naturempfinden vs. Konventionen Künstlerdasein vs. bürgerliche Existenz	*Individualität vs. Kollektivität Unabhängigkeit vs. Angepasstsein*
Handlungsorte real; Stimmungs- und Projektionsorte von Empfindungen	*reale Handlungsorte; Charakter von Symbolräumen*
alle Sprachebenen	*Jugendsprache mit ausgeprägt soziolektischen und idelektischen Wendungen*

76) Vgl. dazu Matzkowski sowie Poppe, Johann Wolfgang von Goethe.

Briefe aus Goethes *Werther* von zentraler Bedeutung

1771

13. Mai	Noch befindet sich Werther in guter Verfassung und in Übereinstimmung mit sich selbst.
30. Mai	Hörbare Ausflüchte; Schwärmerei; mit diesen Äußerungen kaschiert Werther seine Unfähigkeit, sich wirklich auf etwas konzentrieren zu können.
16. Juni	Werther verliert sich an seine Illusion.
1. Juli	Seine Gefühle für Lotte nehmen krankhafte Züge an und werden zu einer Bedrohung für ihn.
13. Juli	Die Probleme beginnen sich zu verdichten.
16. Juli	Selbstmordgedanken werden laut.
19. Juli	Die Unruhe in Werther steigert sich; seine Liebe zu Lotte bringt ihn unausweichlich näher an den Abgrund.
24. Juli	Werther ist nicht mehr im Stande, sich rational handelnd aus der Konfliktlage zu befreien.
26. Juli	Er ist bereit zu sterben.
8. August	wachsendes Selbstmitleid
18. August	Isolation
22. August	Werther erkennt seinen Zustand.
28. August	Abschiedsgewissheit
10. September	Scheinausweg
20. Oktober	Werther hat nur Gedanken für Lotte; alles andere ist bedeutungslos für ihn.
24. Dezember	gesteigerte Sehnsucht

1772

17. Februar	Werther kokettiert mit seinem Leid.
15. März	Erniedrigung und weiterer Schritt zur Selbstaufgabe.
5. Mai	Erlösungshoffnungen
16. Juni	zunehmende Kommunikationsschwierigkeiten; sprachlose Erschütterung
4. September	Eins mit der sich auflösenden (herbstlichen) Natur.
6. September	Werther trifft Vorbereitungen, seinen lange gefassten Entschluss in die Tat umzusetzen.
3. November	Absolute Bewusstheit Werthers über die eigene Situation.
21. November	Werthers Leid hat den Höhepunkt erreicht.
4. Dezember	Gibt sein Leben in Gottes Hand.
21. Dezember	Letzte Briefe; Tod

8. Skizze zum Unterricht: Goethes *Werther* und Plenzdorfs „W.“

Es wäre sehr bedauerlich, wenn Goethes Jugendroman im Unterricht nur herangezogen würde, um die Schüler im Vergleich mit Plenzdorfs *Neuen Leiden* ein wenig daran ‚schnuppern‘ zu lassen (*Werther*-Zitate!). Beide Romane sind zu wertvoll, um wechselweise bloß als Aufhänger für die eine oder andere vordergründige Entdeckung zu dienen. Sie bedürfen einer intensiven Auseinandersetzung; für beide brauchen Schüler und Unterrichtende einen langen Atem. Zur Aktualität des Plenzdorf-Romans und seiner didaktischen Relevanz braucht den bisherigen Erläuterungen nichts hinzugefügt werden. Schwieriger wird es da schon mit Goethes Briefroman, zu dem an dieser Stelle ein knapper Inhaltsexkurs folgt, mit dem die Stichwörter aus dem 7. Kapitel ergänzt werden.

8.1 Exkurs: Goethes *Werther* [77]

Inhaltszusammenfassung

In den ersten Maitagen des Jahres 1771 kommt der junge Werther, über dessen Vergangenheit wir wenig erfahren, an den Ort, der zu seinem Schicksalsort werden wird. Er hat Schwierigkeiten, sich in der neuen Umgebung zurechtzufinden. Unruhig und ziellos sucht er die Einsamkeit der erwachenden Natur, die ihn wunderbar beseelt, und aus der er Kraft und Harmonie schöpft. Offen und spontan ist Werther nur im Umgang mit Kindern, deren Vertrauen er rasch gewinnt. Auch zu den einfachen Menschen fühlt er sich hingezogen. Tief im Innern jedoch ist er allein, ein Fremdling unter den Menschen, der seine melancholischen Träume nährt. Ängstlich meidet er den gehobenen Bürgerstand und Adelige, die im Bewusstsein ihrer Standeszugehörigkeit jene von Werther so verachtete Überlegenheit zur Schau stellen, durch die er später in seiner Seele tödlich verletzt werden wird. Die

77) Vgl. zu den Parallelen der beiden Romane Matzkowski. Zu Goethes *Werther* vgl. auch Husmann.

vielen Andeutungen gegenüber dem Adressaten seiner Briefe, dem Freund Wilhelm, der ebenfalls nicht näher vorgestellt wird, lässt nicht nur ihre herzliche Verbundenheit, sondern auch die Vertrautheit des Briefempfängers mit dem Leben Werthers und dessen besonderer Ich-Problematik erahnen, die weit zurückzureichen scheint.

Werther lebt in äußersten Gefühls- und Stimmungsgegensätzen. So ist es keineswegs verwunderlich, dass schon früh Todessehnsüchte hörbar werden. Dem Leser bleibt nicht verborgen, wie hochgradig verstört Werther schon in den ersten Wochen seines Aufenthaltes in der neuen Umgebung ist. Aus diffusem Weltschmerz, einer unklar motivierten Realitätsflucht und narzisstischer Selbstbespiegelung erwachsen zwingend sein Persönlichkeitszerfall und seine Selbstzerstörung. Werther folgt seinen Stimmungen ohne den Willen und ohne die Kraft zu rationaler Daseinsbewältigung. Vom ersten bis zum letzten Akt des Geschehens erscheint er dabei dem Leser als ein psychisch schwer kranker Mensch, der zugleich Initiator, Schauspieler, Regisseur und Opfer seiner eigenen Zerstörung ist.

In diesen tiefwurzelnden Spannungszuständen trifft Werther auf einem Ball in der näheren Umgebung erstmals ‚seine' Lotte. Er gerät in einen Taumel des Entzückens. So oft wie möglich sucht er ihre Nähe. Werther lebt förmlich auf, und es entwickelt sich eine herzliche Beziehung zu Lottes Geschwistern und zu den Menschen in der Nachbarschaft. Dies geschieht zunächst umso ungezwungener, als Lottes Verlobter Albert dienstlich unterwegs ist und kaum vor Ende Juli zurückerwartet wird. Albert akzeptiert bei seiner Rückkehr den Freund des Hauses. Er ist ohne Argwohn und ohne jede Eifersucht. Seine Liebe zu Lotte und das Vertrauen in ihre Treue und Charakterfestigkeit machen ihn ruhig und sicher. Lotte ist über jeden Verdacht einer unlauteren Beziehung erhaben – wie es übrigens auch Werther ist.

Werther leidet jedoch zusehends unter der Situation. Nicht nur, dass er die überlegene und gelassene Gastfreundschaft Alberts und Lottes hinnehmen muss: Aus seinem ersten Verliebtsein hat sich eine tiefe, beinahe heilige Liebe zu Lotte entwickelt. Diese kann ihrerseits nur mit ehrlicher Freundschaft darauf antworten. Allmählich setzt sich Werther bewusst von Albert ab. Als er erkennt, dass er in den geschlossenen Kreis nicht eindringen kann, sucht er ihn zu provozieren. Alsbald schlägt seine Stimmung in Verzweiflung um. Ein knappes Vierteljahr nach seiner ersten Begegnung mit Lotte macht er sich seine hoffnungslose Liebe klar. Er folgt dem Drängen seines Freundes Wilhelm und all derer, die es gut mit ihm meinen, und nimmt einen entfernten Gesandtschaftsposten an. Anfang September 1771 verabschiedet er sich von Lotte, in der Gewissheit sie wiederzusehen.

Das Erwartete tritt ein. Werther kann sich mit den neuen Gegebenheiten nicht anfreunden. Was ihn schon immer abgestoßen hat – die Aufgeblasenheit des Adels, der Egoismus und die Oberflächlichkeit seiner Berufskollegen –, erscheint dem jungen Mann nun vollends als Ekelbild der Menschen und vernichtende Erfahrung. Er bewegt sich im Kreise, untätig und gelangweilt, melancholisch und passiv. Als er schließlich der feineren Gesellschaft verwiesen wird und der Vorfall, überall belächelt, seine Runde macht, hat Werther einen weiteren Grund gefunden, sich dieser Umgebung zu entziehen. Ein knappes halbes Jahr nach Antritt seines Dienstes nimmt Werther seinen Abschied und folgt einer fürstlichen Einladung, den Frühling auf den Gütern seines Gönners zu verbringen.

Doch auch dort kann ihn nichts wirklich binden, zumal ihn die Oberflächlichkeit des Potentaten, vor allem in Fragen des Kunstgeschmacks, nach kürzester Zeit tief enttäuscht. Seine Sehnsucht gilt allein Lotte. Er weiß sie seinem Fühlen verbunden und einzig wert, und so kehrt er auf Umwegen zu Lotte zurück, die inzwischen mit Albert verheiratet ist.

Werther hält Albert nicht für den zu Lotte passenden Mann. In seiner Phantasie stellt er sich selbst als eigentlichen Partner an ihre Seite, und so drängen ihn quälende Wünsche, das Unerreichbare doch noch zu erreichen, immer weiter von der Realität ab. Mit Beginn der dunklen Jahreszeit hat Werther seinen seelischen Tiefststand erreicht. Statt seinen geliebten Homer zu lesen, wählt er Ossian. Als Albert wieder einmal für einige Zeit von zu Hause fort ist, besucht Werther die angebetete Lotte. Es ist das letzte Mal. Die gemeinsame Lektüre des Ossian löst in beiden heftige Empfindungen aus, und für einen Augenblick halten sie sich, blind vor Tränen, in den Armen. Werther weiß, dass er die Grenze überschritten hat. Er sieht keinen weiteren Sinn in seinem Leben und erschießt sich mit einer von Albert unter einem Vorwand geliehenen Pistole.

Deutung: *Werther als „lesender Held“*

Lesen, Zeichnen und Malen sind, wenn überhaupt davon gesprochen werden kann, die konstantesten Beschäftigungen Werthers. Sie waren bereits vor seinem Zusammentreffen mit Lotte ein wichtiger Inhalt seines Lebens. Diese künstlerischen Betätigungen halten ihn noch eine Zeit lang im Gleichgewicht. Sie werden zu einer reinen Freude für ihn, solange er eine Distanz zu sich selbst und zu seiner Umwelt besitzt. Zu einer krankhaften Zwangsvorstellung und zu einer beständig demoralisierenden Erfahrung werden sie in den Augenblicken, in denen er die objektiven Maßstäbe für sein Handeln verliert. In dem Maße, wie Werther mehr und mehr auf sich fixiert ist und die Welt vor seinen Augen zu zerfließen beginnt, begreift er sich in fataler Selbstüberschätzung als ‚wahrer' Künstler – der er nicht ist. Diese Diskrepanz zwischen Schein und Wirklichkeit nimmt Werther allerdings nicht wahr.

Auch Werther ist ein ‚lesender Held'. Seine Verstrickung in Lektürevorlieben und Lesegewohnheiten ist ebenso verhängnisvoll für ihn wie seine wenig erfolgreichen Bemühungen im Zeichnen. Seine krankhafte Wandlung ist an der veränderten Wahl seiner Bücher abzulesen. Wenn von ihm als ‚lesendem Held' die Rede ist, geschieht dies mit einem Blick auf seine Leseweise, die „Spiegel seines bewegten Innern“[78] ist. Goethes psychologische Charakterisierung seines Helden durch seine Lektüre setzt drei Akzente, die zugleich sowohl Bestätigung als auch Kritik des zeitgenössischen Verhältnisses zum Lesen und zur Literatur offenlegen:

- Literatur in ihrer gemeinschaftsstiftenden Funktion
- Literatur als Trostspenderin
- Literatur als Droge

---

78) Blessin, S. 9.

Für Werther ist die Lektüre seiner Bücher Segen und Fluch in einem. Je weiter er sich verrennt, desto deutlicher wird die krankhafte Kompensation seines Schmerzes durch Bücher, die er jedoch nicht souverän in intellektueller und emotionaler Distanz beherrscht, sondern denen er in seiner jeweiligen Gefühlslage regelrecht ausgesetzt ist. Den Gipfelpunkt dieses pathologischen Verhältnisses bildet die Lektüre des Ossian, die seine völlige Vereinigung mit der Geliebten zeigt, wenn auch nur im Medium einer poetisch verklärten Todeserwartung.[79)]

8.2 Unterrichtspraktische Vorschläge

Für einen unterrichtspraktischen Vorschlag der Behandlung beider Texte bietet sich eine Doppelfrage an:

- Worum geht es den beiden Romanhelden?
- Unter welchen persönlichen und zeitbedingten Bedrängnissen gelingt es ihnen – bzw. gelingt es ihnen nicht – ihren eigenen Weg zu gehen?

Wir leiten aus diesen Fragen eine Folge von acht Unterrichtsstunden ab, die sich an den Vorschlägen Lepplas/Fischers und an denen von Edgar Neis orientieren.[80)] Die Leitzielsetzung bestimmen wir global in Anlehnung an Neis: „Die Schüler erkennen in beiden Romanen die seelischen Nöte der jugendlichen Helden, deren Krankheit zum Tode aus allgemeiner (zeitbedingter) Unzufriedenheit, Nichtigkeitserfahrung, Weltschmerz, unglücklicher Liebe und Melancholie erwächst.“[81)]

Die in Einzel-, Partner- und teilweise in Gruppenarbeit zu gewinnenden Ergebnisse sollten in eine Kette produktiver Aufgaben zur weiteren Verarbeitung der Ausgangstexte münden. Sowohl Stundenaufriss als auch Aufgabenvorschläge verstehen sich als Anregungen. Sie folgen dem Verständnis eines produktionsorientierten Literaturunterrichts.[82)]

---

79) Vgl. zum Leseverhalten Werthers auch Vaget.

80) Vgl. Leppla/Fischer sowie Neis.

81) Neis, S. 68 f.

82) Unsere Reihe *Blickpunkt Text im Unterricht* (BL) stellt zum produktionsorientierten Lesen anregende Beispiele bereit (vgl. u. a. BL 502, 505, 509, 512, 517, 519).

Realisierungsvorschlag 1

getrennte Arbeit an den beiden Romanen

⇩

8 U-Stunden

arbeitsteiliger Ansatz (Expertengruppen): Kurzreferate mit Textauszügen; Zitate und Grafiken; Charakteristiken, Fragen, Thesen

Realisierungsvorschlag 2

Analyse und Interpretation der Primärtexte;

⇩

8 U-Stunden

arbeitsgleicher Ansatz nach vorausgegangener häuslicher Lektüre; gemeinsame Erarbeitung einzelner Schwerpunkte

↘ ↙

gemeinsames Arbeitsergebnis:
Erkenntnis, dass beide Helden an der Zeit, an den Verhältnissen und an sich selbst leiden.

Vorschläge zur produktiven Verarbeitung beider Texte:

- Verfassen einer fiktiven Kurzbiografie Werthers/Edgar Wibeaus von ihrer Geburt bis zu ihrem Tode (wahlweise auch zu Lotte / Charlie).
- Umarbeiten einiger markanter Briefe des *Werther*-Romans und einzelner Episoden des Plenzdorf-Romans zu Hör- bzw. Spielszenen. Untermalung mit passender Musik.
- Ausarbeiten eines stimmungsvollen Einleitungskapitels zu Goethes *Werther (*alternativ/ergänzend: Stadtporträt Mittenbergs).
- Bilder zum *Werther* und Bilder zu den *Neuen Leiden*: Ausarbeiten nach eigenem Geschmack in Techniken nach eigener Wahl (Absprachen mit den Unterrichtenden im Fach Kunst!)

- Spät entdeckte Briefe Lottes an Werther, in denen sie ihm ihre Zuneigung gesteht (alternativ/ergänzend: Briefe von Charlie an Edgar).
- Begegnungen von besonderem Reiz: Werther – Wibeau; Lotte – Charlie. Was hätten sie einander zu sagen?

Der eigenen Kreativität sind keine Grenzen gesetzt, um die Möglichkeiten beider Romane noch weiter auszuschöpfen. Es sollte in dieser Hinsicht den Klassen bzw. Kursen durchaus etwas zugetraut, aber auch abverlangt werden.

9. Daten zu Leben und Werk Plenzdorfs

Biografische Daten

1934	In Berlin-Kreuzberg am 26. Oktober geboren. Sein Vater ist Arbeiter. Sein ganzes Leben lang wird Plenzdorf sich stolz zu seiner Herkunft bekennen. Beide Eltern betätigten sich im antifaschistischen Widerstand; die Mutter wurde inhaftiert und kam für ein Jahr ins KZ Mohringen.
1954	Nach dem Abitur beginnt Plenzdorf ein geschichtsphilosophisches Studium am Franz-Mehring-Institut in Leipzig, das er nach zwei Semestern abbricht. Mitarbeit am Hochschulkabarett.
1955-1958	Bühnenarbeiter bei der DEFA („Deutsche Film-AG“ und einzige ostdeutsche Filmfirma).
ab 1958	Mitglied der SED.
1958/59	Soldat der Nationalen Volksarmee.
1959-1963	Studium an der Filmhochschule Babelsberg.
1964	Erstes erfolgreiches Filmdrehbuch; fortgesetzte Beschäftigung mit dem Medium Film.
1968	Annäherungen an Goethes *Werther*. Erster Entwurf der *Neuen Leiden des jungen W.*
1971	Auszeichnung mit dem Kunstpreis des Deutschen Gewerkschaftsbunds (DGB) für seine Filmarbeiten.
1972	*Die neuen Leiden des jungen W.* erscheinen in der DDR-Literaturzeitschrift *Sinn und Form*, nachdem sie zuvor mehrere Male abgewiesen worden waren. Eine Bühnenfassung wird in Halle uraufgeführt. Die DDR-Presse setzt sich mit Plenzdorfs *Werther* kontrovers, überwiegend ablehnend auseinander.

1973	Der Roman erscheint in der Bundesrepublik Deutschland. Auszeichnung mit dem Heinrich-Mann-Preis der DDR. Theateraufführung der *Neuen Leiden* in West-Berlin. In den Kammerspielen München wird das Stück erstmals in Westdeutschland aufgeführt. In den Jahren zwischen 1973 und 1980 wird das Stück auf ca. 100 deutschsprachigen Bühnen (eingeschlossen sind Liechtenstein, Österreich und die Schweiz) inszeniert. Auch das übrige Ausland zollt den *Neuen Leiden* große Aufmerksamkeit.
1974	In einer Produktion des Bayerischen, des Hessischen und des Süddeutschen Rundfunks wird unter der Regie Richard Heys eine Hörspielfassung der *Neuen Leiden* gesendet.
1976	Fernsehfassung der *Neuen Leiden.* Protest gegen die Ausbürgerung Wolf Biermanns, Austritt aus der SED.
1978	Auszeichnung mit dem Ingeborg-Bachmann-Preis der Stadt Klagenfurt für die Erzählung *kein runter kein fern.*
seit 1978	Zahlreiche Veröffentlichungen und Filmdrehbücher (Verfilmungen eigener Romane, aber auch anderer Vorlagen wie z. B. der Novelle von Martin Walser *Ein fliehendes Pferd*, 1980, oder der Erzählung *Unvollendete Geschichte* von Volker Braun, 1990 [Filmtitel: *Der Verdacht*]).
1994	Plenzdorf löst Jurek Becker als Drehbuchautor für die ARD-Serie *Liebling Kreuzberg* mit Manfred Krug ab.
2004	Gastdozent am Deutschen Literaturinstitut Leipzig.

Werke

Plenzdorf ist ein produktiver Filmschaffender und Literat. Zu seinen bekanntesten Filmen zählen neben der Filmfassung der *Neuen Leiden:*

1964 *Mir nach, Canaillen!*

1969 *Weite Straßen – stille Liebe*

1973 *Die Legende von Paul und Paula*

1979 *Glück im Hinterhaus*

Eine Auswahl seiner Werke (einzelne davon sind auch im Fernsehen erfolgreich gewesen):

1979 *Legende vom Glück ohne Ende*

1984 *kein runter kein fern*

1986 *Ein Tag, länger als ein Leben*

1990 *Zeit der Wölfe*

1994 *Vater, Mutter, Mörderkind*

1995 *Berliner Geschichten* (Plenzdorf als Mit-Herausgeber)

1997 *Liebling, Prenzlauer Berg*

1999 *Eins und eins ist uneins*

2004 *Ich sehn mich so nach Unterdrückung. Songs, Chansons, Moritaten – gebrauchte Lieder*

9.2 Literatur

Primärliteratur

Plenzdorf, Ulrich: Die neuen Leiden des jungen W. Frankfurt am Main: Suhrkamp [51]2004. (EA: Rostock: VEB Hinstorff Verlag 1973) *(Nach dieser Suhrkamp-Ausgabe wird zitiert.)*

Plenzdorf, Ulrich: Die neuen Leiden des jungen W. Text und Kommentar von Thomas Kraft. Frankfurt am Main: Suhrkamp [2]2004. (Suhrkamp BasisBibliothek, 39)

Plenzdorf, Ulrich: Die neuen Leiden des jungen W. und andere Stücke. Frankfurt am Main: Suhrkamp 2002.

Plenzdorf, Ulrich: Die neuen Leiden des jungen W. (Urfassung). In: Brenner, Peter J. (Hg.): Plenzdorfs „Neue Leiden des jungen W.“. Frankfurt am Main: Suhrkamp 1982, S. 71-138.

Plenzdorf, Ulrich: kein runter kein fern. Frankfurt am Main: Suhrkamp 1984.

Goethe, Johann Wolfgang von: Die Leiden des jungen Werther. Mit einem Nachwort von E. Beutler. Stuttgart: Reclam 2005. (RUB 67)

Kempowski, Walter: Uns geht's ja noch Gold. Roman einer Familie. Sonderausgabe. München: dtv 2006. (EA: 1972)

Mayer, Hans: Der Turm von Babel. Erinnerungen an eine Deutsche Demokratische Republik. Frankfurt am Main: Suhrkamp 2001. (EA: 1991)

Salinger, Jerome D.: Der Fänger im Roggen. Deutsch von Eike Schönfeld. Reinbek bei Hamburg: Rowohlt [2]2005. (USA: 1951; erste deutsche Übersetzung: 1954, Zürich)

Interviews

Kölner Stadtanzeiger vom 27./28. April 1985: Innerer Monolog. Ulrich Plenzdorf las im „treffpunkt taschenbuch“.

Kölner Stadtanzeiger vom 12. September 1985: Gespräch mit dem in Ost-Berlin lebenden Schriftsteller Ulrich Plenzdorf: „Probleme vor der Haustür“.

Die Freuden und Leiden des Ulrich P. Interview mit Ulrich Plenzdorf für die Sendung *FIGARO trifft...* am 22. September 2004 (MDR-Kultur). In: http://www.mdr.de/kultur/literatur/1647875.html [Stand: August 2006]

Verfilmung

Plenzdorf, Ulrich: Die neuen Leiden des jungen W. Buch: Ulrich Plenzdorf. Regie: Eberhard Itzenplitz. BRD 1976.

Hörbuch

Plenzdorf, Ulrich: Die neuen Leiden des jungen W. 2 CDs. Rostock: Reich 2004.

Sekundärliteratur zu Ulrich Plenzdorf

Bernhardt, Rüdiger: Die neuen Leiden des jungen W. Erläuterungen und Materialien. Hollfeld: Bange ^{2}2006.

Bühler, Arnim-Thomas: Ulrich Plenzdorf. Personalbibliographie 1970-1993. Marburg: Tectum ^{2}2000.

Brenner, Peter J. (Hg.): Plenzdorfs „Neue Leiden des jungen W.“. Materialien. Frankfurt am Main: Suhrkamp ^{4}1994. *(Zitiert wird nach der ersten Auflage 1982.)*

Eisenbeis, Manfred: Lektürehilfen Ulrich Plenzdorf: „Die neuen Leiden des jungen W.“ Stuttgart u.a.: Klett ^{9}2002.

Fischbeck, Helmut: Ulrich Plenzdorf: Die neuen Leiden des jungen W. Zur Literaturproduktion und -rezeption in der DDR. In: Diskussion Deutsch (1974), H. 18, S. 338-358.

Harmat, Márta: „... wenn Leidenschaft wütet und die Grenzen der Menschheit einen drängen“. Goethes „Werther“ und Ulrich Plenzdorfs „Die neuen Leiden des jungen W.“. In: Balzer, Bernd/Swiatlowska, Irena (Hg.): Annäherungen. Polnische, deutsche und internationale Germanistik. Wroclaw: Oficyna Wydawn 2003. S. 389-395.

Jäger, Georg (Hg.): Die Leiden des alten und neuen Werther. Kommentare, Abbildungen, Materialien. München: Hanser 1984. (Hanser Literatur-Kommentare 21)

Kaschuge, Heidrun: Goethe – Plenzdorf. Die (neuen) Leiden des jungen (W.) Werthers. Vergleiche und Untersuchungen. Hollfeld: Beyer ^{5}1983. *(Autorin wird auch mit Worm-Kaschuge angegeben; zitiert wird nach der ersten Auflage 1976.)*

Labroisse, Gerd: Überlegungen zur Interpretationsproblematik von DDR-Literatur anhand von Plenzdorfs „Die neuen Leiden des jungen W.". In: Amsterdamer Beiträge zur Neueren Germanistik (1975), H. 4, S. 157-181.

Leppla, Otmar/Fischer, Hartmut: Stundenblätter Plenzdorf: „Die neuen Leiden des jungen W.". Stuttgart u.a.: Klett ^{2}1988. *(Zitiert wird nach der ersten Auflage 1985.)*

Lucas, Lore: Textsorte: Drama. Analysen – Lernziele – Methoden. Bochum: Ferdinand Kamp 1977 [darin: Plenzdorf, S. 168-192].

Matzkowski, Bernd: Wie interpretiere ich Novellen und Romane? Basiswissen – Grundlagen der Analyse und Interpretation mit Beispielen und Analyseraster. Hollfeld: Bange ^{3}2005 [darin: Goethe/Plenzdorf, S. 42-57].

Mews, Siegfried: Ulrich Plenzdorf. München: Beck 1984. (Autorenbücher 41)

Mix, York-Gothart: Mit Goethe und Diderot gegen die Pächter des klassischen Erbes. U. Plenzdorfs „Die neuen Leiden des jungen W.", V. Brauns Texte zu „Hinze und Kunze" und die Kontrolle der literarischen Kommunikation in der DDR. In: Jahrbuch der Deutschen Schillergesellschaft 42 (1998), S. 401-420.

Münder, Peter: Erläuterungen zu Ulrich Plenzdorf „Die neuen Leiden des jungen W.". Hollfeld: Bange ^{6}1986. *(Zitiert wird nach der ersten Auflage 1976.)*

Poppe, Reiner: Erläuterungen zu Ulrich Plenzdorf „Die neuen Leiden des jungen W.", „kein runter kein fern". Hollfeld: Bange ^{10}1999.

Reis, Ilse H.: Ulrich Plenzdorfs Gegen-Entwurf zu Goethes „Werther“. Bern, München: Francke 1977.

Wapnewski, Peter: Zweihundert Jahre Werthers Leiden. In: Merkur (1975), H. 6, S. 530-544.

Wolff, Jürgen: Materialien Ulrich Plenzdorf, „Die neuen Leiden des jungen W.“ Stuttgart u.a.: Klett 1998.

Sekundärliteratur zur Geschichte der DDR

Filmer, Werner/Schwan, Heribert (Hg.): Alltag im anderen Deutschland. Düsseldorf: Econ 1985.

Jarausch, Konrad H./Sabrow, Martin (Hg.): Weg in den Untergang. Der innere Zerfall der DDR. Göttingen: Vandenhoeck & Ruprecht 1999.

Jäger, Manfred: Kultur und Politik in der DDR 1945-1990. Köln: Verlag Wiss. u. Politik ^{2}1994.

Kleßmann, Christoph: Zwei Staaten, eine Nation. Deutsche Geschichte 1955-1970. Schriftenreihe der Bundeszentrale für politische Bildung. Bonn 1988. (2. überarb. u. erw. Auflage Bonn 1997)

Königsdorf, Helga: Adieu DDR. Protokolle eines Abschieds. Reinbek bei Hamburg: Rowohlt 1990.

Lindner, Bernd: Die demokratische Revolution in der DDR 1989/90. Bonn: Bundeszentrale für politische Bildung 2001.

Plenzdorf, Ulrich/Dammann, Rüdiger (Hg.): Ein Land, genannt die DDR. Frankfurt am Main: Fischer ^{2}2005.

Schröck, Rudolf: Willy Brandt. Eine Bildbiographie. München: Heyne ^{3}1993.

Schroeder, Klaus: Der SED-Staat: Partei, Staat und Gesellschaft 1949-1990. München: Econ 2000.

Spittmann, Ilse (Hg.): Die SED in Geschichte und Gegenwart. Köln: Verl. Wissenschaft und Politik 1987.

Staritz, Dietrich: Geschichte der DDR. Erweiterte Neuausgabe. Frankfurt am Main: Suhrkamp 1996.

Weber, Hermann: Die DDR 1945-1990. München: Oldenbourg [6]2006.

Sekundärliteratur zur deutsch-deutschen Literaturgeschichte

Agde, Günter (Hg.): Kahlschlag. Das 11. Plenum des ZK der SED 1965. Studien und Dokumente. 2. erweiterte Auflage. Berlin: Aufbau 2000.

Arnold, Heinz Ludwig: Die westdeutsche Literatur 1945 bis 1990. Ein kritischer Rückblick. München: dtv [2]1996.

Arnold, Heinz Ludwig (Hg.): Handbuch zur deutschen Arbeiterliteratur. 2 Bde. München: Edition text + kritik 1977.

Arnold, Heinz Ludwig/Meyer-Gosau, Frauke (Hg.): Literatur in der DDR. Rückblicke. München: Edition text + kritik 1991.

Anz, Thomas (Hg.): Es geht nicht um Christa Wolf. Der Literaturstreit im vereinten Deutschland. Erweiterte Neuausgabe. Frankfurt am Main 1995.

Berbig, Roland u.a. (Hg.): In Sachen Biermann. Protokolle, Berichte und Briefe zu den Folgen einer Ausbürgerung. Berlin: Ch. Links Verlag 1994.

Dahlke, Birgit u.a. (Hg.): LiteraturGesellschaft DDR. Kanonkämpfe und ihre Geschichte(n). Stuttgart, Weimar: Metzler 2000.

Emmerich, Wolfgang: Kleine Literaturgeschichte der DDR. Erw. Neuausgabe. Berlin: Aufbau 2000. *(Zitiert wird aus der 2. Auflage der erweiterten Neuausgabe 1997.)*

Goette, Jürgen-Wolfgang (Hg.): Arbeiterliteratur. Texte und Materialien zum Literaturunterricht. Frankfurt am Main: Diesterweg 1975.

Greiner, Bernhard: Von der Allegorie zur Idylle. Die Literatur der Arbeitswelt in der DDR. Heidelberg: Quelle und Meyer 1974.

Groth, Joachim-Rüdiger: Widersprüche: Literatur und Politik in der DDR 1949-1989. Zusammenhänge, Werke, Dokumente. Frankfurt am Main u.a.: Lang [2]1996.

Krätzer, Jürgen: Aufbruch – Abbruch – Umbruch: das Bild von der DDR in der Nachwendeliteratur. Hg. vom Landesinstitut für Lehrerfortbildung, Lehrerweiterbildung und Unterrichtsforschung von Sachsen-Anhalt (LISA). Halle (Saale): LISA 2002.

Literarisches Leben in der DDR 1945-1960. Literaturkonzepte und Leseprogramme. Berlin (Ost): Akademie Verlag ^{2}1980.

Ludwig, Martin H.: Arbeiterliteratur in Deutschland. Stuttgart: Metzler 1976.

Mittenzwei, Werner: Die Intellektuellen. Literatur und Politik in Ostdeutschland 1945-2000. Leipzig: Faber & Faber 2001.

Raddatz, Fritz J.: Traditionen und Tendenzen. Materialien zur Literatur der DDR. Frankfurt am Main: Suhrkamp 1972.

Reich-Ranicki, Marcel: Entgegnung – Zur deutschen Literatur der siebziger Jahre. Stuttgart: DVA 1979 (4. Aufl. München: dtv 2002).

Rüther, Günther (Hg.): Kulturbetrieb und Literatur in der DDR. Köln: Verlag Wiss. u. Politik ^{2}1988.

Schmitt, Hans-Jürgen (Hg.): Die Literatur der DDR. Hansers Sozialgeschichte der deutschen Literatur. Bd. 11. München/ Wien: dtv 1983.

Wagenbach, Klaus (Hg.): Vaterland, Muttersprache. Deutsche Schriftsteller und ihr Staat. Berlin: Wagenbach 1979 (Erw. Neuausgabe 2004).

Walther, Joachim: Sicherungsbereich Literatur. Schriftsteller und Staatsicherheit in der Deutschen Demokratischen Republik. Berlin: Ullstein 1999.

Wichner, Ernst/Wiesner, Herbert: „Literaturentwicklungsprozesse". Die Zensur der Literatur in der DDR. Frankfurt am Main: Suhrkamp 1993.

Zipser, Richard (Hg.): Fragebogen: Zensur: zur Literatur vor und nach dem Ende der DDR. Leipzig: Reclam 1995.

Weitere Sekundärliteratur

Bantel, Otto: Grundbegriffe der Literatur. Frankfurt am Main: Hirschgraben [11]1984.

Beutin, Wolfgang u.a. (Hg.): Deutsche Literaturgeschichte: von den Anfängen bis zur Gegenwart. Stuttgart, Weimar: Metzler [6]2001.

Franke, Hans-Peter: Geschichte der deutschen Literatur. Bd. 6: Von 1945 bis zur Gegenwart. Stuttgart u.a.: Klett 1999.

Husmann, Ina: Johann Wolfgang von Goethe. Die Leiden des jungen Werther. Untersuchungen und Anregungen. Hollfeld: Beyer [4]2006.

Kabisch, Eva-Maria: Interpretation: wiederholen und üben. Ein Arbeitsheft für den Deutschunterricht der Sekundarstufe. Stuttgart u.a.: Klett 1998.

Knobloch, Jörg: Literatur kennen lernen. Epochen, Autoren, Werke, literarische Begriffe. Lichtenau: AOL-Verlag [4]2005.

Münder, Peter: Jerome David Salinger: Der Fänger im Roggen (The catcher in the rye): Interpretationen und unterrichtspraktische Vorschläge. Hollfeld: Beyer [5]2000. *(Zitiert wird nach der Ausgabe 1980, die auch Vergleiche, unterrichtsbezogene Erläuterungen und methodisch-didaktische Hinweise zu* Hebt den Dachalken hoch, Zimmerleute *enthält.)*

Neis, Edgar: Klassiker wieder aktuell? Wie finden Schüler von heute Zugang zur Dichtung der Goethe-Zeit? – Zehn Interpretationsbeispiele aus der Praxis. Freiburg i.Br.: Herder 1979.

Poppe, Reiner: Johann Wolfgang von Goethe: Die Leiden des jungen Werthers. Kommentare, Diskussionsaspekte und Anregungen für produktionsorientiertes Lesen. Hollfeld: Beyer 1998.

Sieburg, Friedrich: Chateaubriand. Romantik und Politik. Ungekürzte Ausgabe. München: Ullstein 1988. *(Zitiert wird nach der ersten Auflage, München: Deutsche Verlags-Anstalt, 1959.)*

Vaget, Hans Rudolf: Die Leiden des jungen Werthers. In: Lützeler, Paul Michael/McLeod, James E. (Hg.): Goethes Erzählwerk – Interpretationen, Stuttgart: Reclam 1985, S.37-72.